Bartel F. Sinhuber

GUTEN MORGEN ÖSTERREICH!

Dieses Buch ist gewidmet
u. a. dem Andenken der
folgenden Österreicher

... Rudolf I. von Habsburg – Abraham a Sancta Clara – Prinz Eugen von Savoyen – Gideon Ernst von Laudon – Emanuel Schikaneder – Johann Heinrich von Geymüller – Ludwig van Beethoven – Maximilian von Wimpffen – Clemens Fürst von Metternich – Michael Thonet – Heinrich Laube – Alexander von Schoeller – Friedrich Hebbel – Franz von Dingelstedt – Johann Peter von Reininghaus – Friedrich von Schmidt – Theodor Billroth – Johannes Brahms – Charlotte Wolter – Hugo Thimig – Werner Krauss – Raoul Aslan und Lotte Lehmann ...

Bartel F. Sinhuber

Guten Morgen Österreich!

Nachrichten aus einem merkwürdigen Land

Verlag Herold Wien

CIP-Titelaufnahme der Deutschen Bibliothek

Sinnhuber, Bartel F.:
Guten Morgen Österreich!: Nachrichten aus einem merkwürdigen Land/Bartel F. Sinnhuber. – Wien: Herold, 1988
ISBN 3-7008-0367-2

Umschlagentwurf: Gerri Zotter
Gesamtherstellung: Ueberreuter, Korneuburg

ISBN 3-7008-0367-2

INHALT

NACHRICHTEN AUS EINEM FERNEN LAND

Österreich ist ein Labyrinth,
in dem sich jeder auskennt.

Helmut Qualtinger

Dieses Buch ist eine Sammlung von merkwürdigen Tatsachenberichten, von Nachrichten, Begebenheiten, wahren Anekdoten und wirklichen Geschichten aus Österreich. Manche davon sind skurril, heiter oder ironisch, aber sie sind nicht sonderbar, seltsam oder in geheimnisvoller Weise unverständlich, sondern sie sind nur merkwürdig, weil sie von Menschen und menschlichem Verhalten berichten. Und es scheint mir, daß die Österreicher in einem gewissen Sinne besonders merkwürdige Menschen sind, nicht anders als die Angehörigen anderer Nationen, nicht besser oder schlechter zu bewerten, aber in ihrem Mensch-sein extremer. In einem Brief an Lina Loos schreibt der eminent gescheite Egon Friedell: „Denn der Mensch ist dazu gemacht, Gegenätze zu vereinigen: Er ist nicht dies, sondern immer dies und das Gegenteil davon . . ."

Die Überwindung und Harmonisierung der inneren Gegensätze nicht als eine, sondern als die Aufgabe des Menschen. Dazu braucht es mehr als Verstand, dazu braucht es auch mehr als Herz, dazu braucht es das von Schnitzler beschriebene „weite Land" der Seele. Nun ist allerdings „Seele" keine irgendwie meßbare Eigenschaft oder Veranlagung wie Verstand oder Herz. Sie ist eher ein unbekanntes fernes Land, das noch von keiner Forschungsexpedition der Wissenschaft erreicht wurde.

Und doch findet in diesem Land Österreich statt. Vielleicht deshalb, weil der „homo austriacus" mehr „homo ludens" als „homo sapiens" ist, weil nur hier sich alle Widersprüchlichkeit auflöst. Dieses Bewußtsein (oder besser: Unbewußtsein – hallo, Mr. Freud!) läßt die Österreicher, leichter als andere Nationen, ihre inneren Widersprüche nach außen kehren, läßt sie das Chaos nicht schrecken und die hoffnungslose Lage nicht ernstnehmen.

Es muß so sein, daß hier, in diesem fernen Land, sehr wohl die so oft von den Österreichern geforderte Bewältigung stattfindet, ob es sich nun um Gegensätze oder Konflikte, um Vergangenheit oder Gegenwart handelt. Das ist der eigentliche Grund, warum Österreich und die Österreicher nicht an ihren Schwierigkeiten, an ihren existentiellen Problemen, an ihren Widersprüchen, an ihrer Weltuntergangsstimmung zugrunde gegangen sind. Was Karl Kraus schon 1919 zu der Feststellung veranlaßte: „Der Zustand, in dem wir leben, ist der wahre Weltuntergang: der stabile."

Diesen Gegensätzen, ja oft Widersprüchen, die den Österreichern selbst häufig gar nicht mehr auffallen, begegnet der kenntnisreiche Fremde auf Schritt und Tritt und in jedem Bereich. Weil sie mehr oder weniger stark in der Mentalität der Menschen liegen, haben sie sich in diesem Land ebenso in Verhaltensweisen wie in seiner historischen Entwicklung ausgeprägt. Hier nur zwei Beispiele:

Da ist der historische und ständig harmonisierungsbedürftige Gegensatz zwischen dem Assimilierungstrend der Großstadt Wien und einer latenten Fremdenfeindlichkeit der Wiener, die, wie oft schon der Name verrät, zumeist selbst erst seit zwei oder drei Generationen „Wiener" sind. Ein echter Wiener verweist nicht ohne Stolz auf seine böhmischen, polnischen, ungarischen, italienischen oder deutschen und möglicherweise in irgendeiner Linie auch adeligen Vorfahren, aber er blickt herab auf die „Tschuschen" (Jugoslawen) und Türken, toleriert einen gewissen Antisemitismus und schätzt die preußischen Piefkes nur als touristische Gäste. Neues wird in dieser Stadt schwer akzeptiert, selbst von jenen, die hier geboren wurden. Ein wirklicher Wiener ist der, der sich mit der Stadt so identifiziert, daß er hier stirbt. Mit Erstaunen nimmt ein Einheimischer zur Kenntnis, daß ein Martin Buber, eine Vicki Baum oder so bekannte Hollywood-Regisseure wie Fritz Lang, Otto Preminger oder Billy Wilder in Wien geboren wurden. Dafür werden ohne Zögern der Schwabe Abraham a Sancta Clara, der Franzose Prinz Eugen, der Bayer Emanuel Schikaneder oder der Rheinländer Ludwig van Beethoven als Wiener reklamiert.

Ein anderes Beispiel ist der Ost-West-Gegensatz, den eine imaginäre Grenze quer durch Oberösterreich und Kärnten markiert. Ein Wiener fühlt sich trotz Sprachbarriere und „Eisernem Vorhang" in Prag oder Budapest heimischer als in Salzburg oder Innsbruck, deren Einwohner wieder mehr zum bayerischen München tendieren als zur eigenen Bundeshauptstadt. Triest oder Marburg sind mit Graz leichter zu verwechseln als Linz oder Salzburg, und die Vorarlberger würden sich lieber heute als morgen der Schweiz anschließen. Und trotzdem hat sich das kleine Österreich, Restrepublik eines Völkergemisches von 53 Millionen monarchistischer Untertanen, durch die abenteuerlichen Jahre seit dem Zusammenbruch der Monarchie 1918 ein eigenes Nationalbewußtsein aufgebaut, ein nationales Bewußtsein, das ständig mit seinem historischen Selbstgefühl kollidiert.

Die österreichischen Widersprüche werden nicht gekittet, nicht einmal überdeckt. Sie sind da, und man lebt mit ihnen. Ihr Spannungsverhältnis erzeugt das, was an diesem Land und seinen Bewohnern so oberflächlich und tiefgründig erscheint, so charmant und chaotisch, so kabarettistisch und skandalös, so kreativ und resigniert, so liebenswert und doch merkwürdig.

„Wien ist,
wenn man nichts begreift,
aber alles versteht."

Wien-Werbung ein Jahr nach der Wahl
Kurt Waldheims zum
österreichischen Bundespräsidenten.

DAS BYZANTINISCHE ERBE

Das war so ein Land nach meinem Geschmack: groß, üppig, unkultiviert, aber doch mit dem Komfort herausrückend, sobald nur Geld klimpert. Geldmenschen wie wir kommen heutzutage überall durch. Ich ließ den Zaren leben und freute mich der paar Tropfen Slawenblutes, die auch in mir kreisen.

Alfred Kubin

Bis in die Zeit nach dem Zweiten Weltkrieg galt das Wiener Burgtheater als nationale Weihestätte und Gralshüter der deutschen Bühnensprache. Ein Vertreter dieses Erbes war der 1958 verstorbene Raoul Aslan. Er wurde 1886 als Sohn eines Armeniers und einer Italienerin in Saloniki geboren, kam mit elf Jahren nach Wien und 1920 ans Burgtheater.

Dort war im „Dritten Reich“ durch die intrigante Bespitzelung und Nazi-Anbiederung einzelner Kollegen das Überleben als Schauspieler schwieriger als etwa am Preußischen Staatstheater in Berlin, wo ein Gustaf Gründgens seine schützende Direktoren-Hand sogar über jüdische Schauspieler halten konnte. Der armenisch-italienische Grieche Aslan überlebte dank seines deutschen Nationalbühnen-Bewußtseins. Ja, er praktizierte in Wien noch so etwas wie eine Einmann-Widerstands-Bewegung.

Das hinderte Aslan jedoch nicht, nach dem Krieg Gründgens von seinem Gralshüterstandpunkt aus für gering zu achten. Als er in Salzburg unter Gründgens' Regie „Wie es euch gefällt" probte, ließ er das den Deutschen deutlich spüren. „Woran liegt es nur, Herr Aslan, daß wir alles so verschieden sehen?" fragte Gründgens schließlich. „Wir Schauspieler vom Burgtheater", belehrte ihn Aslan, „kommen aus Byzanz über Hellas und den Balkan nach Wien – und von dort nach Salzburg. Sie, Herr Gründgens, Sie kommen aus Düsseldorf." Die Aslan-Anekdote öffnet den Blick auf einen historischen Hintergrund, aus dem das Nach-Tausendjährige Österreich ein eigenes Nationalbewußtsein entwickeln sollte. Selbst das Rest-Österreich erklärt sich auch aus dem Beitrag der nicht-deutschen Nationen, die einst dazugehörten, vor allem der Nationen aus dem ost- und südosteuropäischen Raum.

Selbstverständlich gab es auch Einflüsse aus Italien, etwa durch die Zuwanderung italienischer Künstler im 17. Jahrhundert, oder aus Deutschland, aus dem es im 19. Jahrhundert Wissenschaftler und Intellektuelle nach Wien zog. Überwiegend blieb immer – selbst noch nach dem Zweiten Weltkrieg trotz ungarischer, tschechischer oder polnischer Flüchtlinge sowie jugoslawischer oder türkischer Gastarbeiter – das im weiteren Sinne byzantinische Element.

Das christlich-orthodoxe Byzanz war jahrhundertelang das südliche Bollwerk gegen die islamischen Völker gewesen. Als es unterging, fiel diese Rolle dem römisch-katholischen Wien zu. Und wie sich das missionierende Byzanz dem Osten zugewandt hatte, so tat dies nun auch Wien mit mindestens ebenso großem Erfolg. Nur ging es diesmal weniger um die Macht des Glaubens als um die Macht Habsburgs.

Und überall haben der Orient und der türkische Halbmond ihre Spuren hinterlassen, in Hellas und auf dem Balkan ebenso wie in Budapest oder Wien. Der Kaffee mit Kipferl und der Hang zur orientalischen Mentalität erscheinen dem Wiener längst nicht mehr als exotisches Beiwerk seiner Geschichte. Das ist eben typisch wienerisch.

Dieser polyglotte Einfluß ist nicht nur in seine Sprache eingegangen, die viele Wörter nichtdeutscher Herkunft kennt, sondern hat seine ganz handfeste symbolische Entfaltung auch in der Stadt selbst. Am konzentriertesten auf dem Mexiko-Platz im 2. Wiener Gemeindebezirk. (Die Namensgebung erinnert daran, daß Mexiko 1938 als einziges Land vor dem Völkerbund gegen den Einmarsch der Deutschen in Österreich protestierte.) Auf diesem so westlich benannten Platz blüht heute, von Russen, Polen, Tschechen und Jugoslawen betrieben, der innerösterreichische Ost-Ost-Handel mit – wie die Laden-Aufschriften überall verraten – „Waren aller Art". Und nebenbei auch mit Devisen, zwar nicht aller, aber der östlichen Art.

Auch in anderer Hinsicht ist der Mexiko-Platz ein Symbol byzantinischer Tradition, nämlich des österreichischen Dualismus. Da ist, allem anderen vorweg, der Doppeladler, einst das Wappentier der Kaiser von Byzanz. 1433 übernahmen die römisch-deutschen Könige den zweiköpfigen Raubvogel. Und obwohl diese Würde (bis auf eine dreimonatige Unterbrechung) immer beim Haus Habsburg geblieben war, übernahm 1804 Franz I. den Doppeladler rasch für das österreichische Kaisertum, bevor der deutsche Kaiser-Titel den Preußen in die Hände fiel. 1934 bis 1938 reklamierte noch einmal der Ständestaat den abgewrackten Kaiservogel für sich, vermutlich in Anerkennung seiner symbolischen Bedeutung.

Am Mexiko-Platz manifestiert sich der Dualismus durch die Teilung des Platzes in eine stille österreichische und eine belebte (auch geographisch) südöstliche Hälfte. Städtebaulich sind beide Teile durch die Auffahrtsrampe zur Reichsbrücke getrennt, die über die Donau wie über einen österreichischen Bosporus hinweg den nostalgisch idyllischen Vielvölker-Bazar mit dem modernen Komplex der internationalen UNO-City verbindet.

Selbst dieser Reichsbrückenschlag vom altösterreichisch geprägten, multinationalen Mexiko-Platz zum neuösterreichischen Wien als internationale UNO-Stadt hat etwas von einer schicksalhaften Symbolik. 1872 bis 1876 „auf Kosten des gesamten Reiches" gebaut, blieb ihr der Name Reichsbrücke, obwohl sie zu Anfang offiziell Kronprinz-Rudolfs-Brücke hieß. Noch zu Rudolfs Lebzeiten kenterte unter „seiner" Brücke ein Donau-Floß und versank. Und als er sich bald darauf in Mayerling erschoß, versanken auch die politisch liberalen Hoffnungen, die viele in der Monarchie in ihn gesetzt hatten. 1904, genau hundert Jahre nach der Begründung des österreichischen Kaisertums durch Franz I., rammte der Donaudampfer „Wien" einen Pfeiler der Reichsbrücke und ging unter. Im Schicksalsjahr 1934 wurde die ganze Brücke abgetragen und kurz vor dem „Anschluß" als Kettenbrücke neu installiert.

Im April 1945 sprengte die Wehrmacht bei ihrem Rückzug in Richtung Bisamberg vor den in Wien eintreffenden Panzern der Roten Armee sämtliche Wiener Brücken bis auf eine. Ausgerechnet die Reichsbrücke blieb diesmal unzerstört. Dafür fiel sie dann unerwartet und bei Niedrigwasser am 1. August 1976 ganz von allein zusammen. In diesem Jahr wurde gegen den Widerstand der Kärntner Slowenen und den Protest Jugoslawiens von der Regierung das Volksgruppengesetz beschlossen, und der Minderheitenstreit eskalierte mit Krawallen und Sprengstoffanschlägen. Der Einsturz der Reichsbrücke war nur wenige Tage vor ihrem hundertsten Geburtstag geschehen.

Rechtzeitig vor dem Einsturz der k.u.k.-Doppelmonarchie wurde in Wien das „Cabarét Simpl" gegründet. Sein Wappentier, ein bulliger roter Hund, konnte wegen nur eines Kopfes nicht in Konkurrenz zum Kaiseradler treten. Doch als dieser 1918 von der Bildfläche verschwand, griffen zwei legendäre Kabarettisten die Tradition auf und erfanden 1919 auf der ihnen gemäßen Ebene des kleinen Brettls die Doppelconférence. Der Erfolg beim Publikum, den Fritz Grünbaum und Karl Farkas damit hatten, machte diese kabarettistische Form so populär, daß sich in späteren Jahren immer wieder andere damit versuchten – und nicht nur Kabarettisten.

Als das Jahr 1945 gekommen war, wagte Österreich nach zwei verlorenen Weltkriegen und zwei faschistischen Diktaturen den zweiten Versuch einer Republik. Auch die Doppelconférencen kamen erneut in Mode. Da Fritz Grünbaum im KZ umgekommen war, versuchte Karl Farkas die Wiederbelebung mit wechselnden Partnern, mit Oskar Wegrostek, Ernst Waldbrunn, Gerhard Bronner oder Maxi Böhm. Doch sein Erfolg war nicht mehr der gleiche.

Inzwischen war nämlich seinem kabarettistischen Bemühen auf hoher politischer Ebene eine starke Konkurrenz erwachsen. Für die nächsten neunzehn Jahre bildeten die beiden Großparteien ÖVP und SPÖ eine große Regierungskoalition, in der zwar im Laufe der Zeit mehrmals die Darsteller, doch nie die Partner wechselten. Da der Kaiser abgeschafft war, gab es nun nicht mehr einen Herrscher für zwei Reichshälften, sondern zwei „Obere" für eine Republik – natürlich hübsch aufgeteilt zwischen der schwarzen ÖVP, die den Bundeskanzler stellte, und der roten SPÖ, deren Kandidat für den Bundespräsidentensessel regelmäßig gewählt wurde.

Das gefiel, und es funktionierte – wenigstens am Anfang – so gut, daß das schwarz-rote Doppelspiel in allen Bereichen des öffentlichen und staatswirtschaftlichen Lebens zum Tragen kam. Alle wichtigen Direktorenposten und sonstigen Führungspositionen wurden doppelt besetzt. Jetzt konnte ein schwarzer Generaldirektor nichts ohne seinen roten Co-Direktor entscheiden. Das System funktioniert vermutlich so nur in Österreich, wo ein Betrieb am besten läuft, wenn niemand hineinredet, der etwas entscheiden könnte. Eine neue Blüte des Byzantinismus war aufgebrochen.

Darüber hinaus war der Zentralismus deutlich sichtbar durch ein demokratisches System abgelöst. Denn nun konnten die Österreicher wählen, nicht nur zwischen den zwei großen Parteien, sondern auch zwischen jeweils zwei Sport- oder Pensionistenklubs, Jugend- oder Gesangsvereinen, Kraftfahrer- oder Gewerkschaftsorganisationen und so weiter fort. Diese vielleicht wichtigste Errungenschaft der Zweiten Republik war auf die österreichische Seele zugeschnitten. Man mußte nicht die zweifelnde Entscheidung treffen, was nun gut oder böse sein könnte, sondern eine reine Zweckentscheidung zwischen „Rot" oder „Schwarz", je nachdem, ob man nun eine Gemeindewohnung oder einen bestimmten Beamtenjob brauchte.

Das in der österreichischen Mentalität tief verwurzelte System hielt sich über die große Koalition hinaus und half die „k.u.k.-Zeit" der Alleinregierungen Klaus und Kreisky zu überdauern. Die danach folgende kleine Koalition war, wie hinterher jeder vorher gewußt hatte, eine noch vor dem Ende ihrer Legislaturperiode zum Scheitern verurteilte Übergangslösung.

Endlich kam es glücklicherweise wieder zu einer großen Koalition, wenn auch unter umgekehrten Vorzeichen – mit einem SPÖ-Kanzler. Um das Gleichgewicht wieder herzustellen (und vielleicht auch aus ein paar anderen Gründen) wählten die Österreicher 1986 nicht mehr den von den Sozialisten, sondern den von der ÖVP aufgestellten Kandidaten zum Bundespräsidenten. Unbeirrt systemtreu.

Erst nachträglich offenbarte der Bundespräsident, von vielen ausländischen und sogar einigen inländischen Medien dazu gedrängt, den Österreichern seinen persönlichen Dualismus. Neben seiner international glanzvollen Vergangenheit als UNO-Generalsekretär besaß er auch eine weniger glanzvolle nationale Vergangenheit als kleiner deutscher Offizier. Und wie das Schicksal so spielt, war diese – wenigstens vom Lokalen her – byzantinisch, hatte sie sich doch in Griechenland und auf dem Balkan abgespielt. Metternich ortete noch den Beginn des Balkans „am Rennweg", gleich hinter dem Schlafzimmer seines Palais. Nun war der Balkan bis zur Hofburg vorgedrungen.

Nicht der januskopfige Adler war in die alte Kaiserresidenz zurückgekehrt, sondern ein Staatsoberhaupt eingezogen, das ein neues zukunftsweisendes Österreich repräsentieren sollte und nun zugleich auch für ein altes, verschüttetes Österreich stand. UNO-City und Mexiko-Platz. An der Donau werden sie durch die Reichsbrücke verbunden.

Raoul Aslan kam aus Byzanz über Hellas und den Balkan nach Wien. Kurt Waldheim wurde in St. Andrä-Wördern geboren.

(Der weitere Lebensweg ist weitgehend bekannt.)

MOZART IM KAUFHAUS

Die Wienner sind wohl leute
die gerne abschiessen.

W. A. Mozart an seinen Vater

Das Schicksal Wiens ist, daß viele seiner großen Söhne gar nicht seine Söhne sind. Da überrascht es nicht, daß die drei bedeutendsten Komponisten der Wiener Klassik ein Burgenländer, ein Bonner und ein Salzburger waren. Lediglich das burgenländische Rohrau, wo Joseph Haydn geboren wurde, liegt sozusagen vor den Toren Wiens. Die Einbürgerung des Rheinländers Ludwig van Beethoven gelang in einem Maße, daß die ironische Anerkennung: „Den Wienern ist es gelungen, aus Beethoven einen Österreicher und aus Hitler einen Deutschen zu machen!" zum gern kolportierten Bonmot wurde.

Schwierigkeiten hatten die Wiener allerdings seit jeher mit der Pflege und Verehrung Wolfgang Amadeus Mozarts, der die letzten zehn Jahre seines kurzen Lebens in der Kaiserstadt verbrachte und dort von der „Hochzeit des Figaro" bis zum „Requiem" einen großen Teil seiner berühmtesten Werke komponierte.

Als er im Dezember 1791 gestorben und in der Stephanskirche eingesegnet worden war, folgten seinem Sarg nur wenige Freunde. Und auch sie kehrten beim Stubentor wegen des naßkalten Wetters und eines peitschenden Sturmes um, so daß ihn die Totengräber am St. Marxer Friedhof in einem unbekannten Massengrab verscharrten. Erst später errichtete man in der Nähe der vermutlichen Grabstelle einen Gedenkstein. Er blieb hundert Jahre lang die einzige Ehrung, die die Stadt Wien einem der größten Komponisten, der je in dieser Stadt gelebt hat, zuteil werden ließ.

Nicht so seine Geburtsstadt Salzburg. Dort wurde 1841, fünfzig Jahre nach seinem Tod, das Mozarteum gegründet und ein Jahr später auf dem weiträumigen Mozartplatz das Mozart-Denkmal Ludwig von Schwanthalers enthüllt. 1880 wurde sein Geburtshaus in der Getreidegasse als Gedenkstätte eingerichtet. Den wohl größten Anteil an der weltweiten Popularisierung des berühmten Salzburgers hat jedoch der Konditormeister Anton Fürst, der 1890 eine mit Pistazien-Marzipan und Nougat gefüllte Schokoladenkugel als „Salzburger Mozart-Kugel" kreierte, die noch heute exklusiv und erfolgreich als solche vermarktet wird.

Unterdessen sah man in Wien weiterhin tatenlos zu, wie sich die Stadt an der Salzach unbestritten als die Mozart-Stadt präsentierte. Weder der 100. Todestag (1891) noch der Erfolg der Fürstschen Kugel brachten in Wien irgend etwas in Sachen Mozart ins Rollen. Oder doch?

1896 konnte die Stadt Beethovens und Brahms' offenbar nicht mehr daran vorbeigehen, daß sie noch einen dritten bedeutenden, zugereisten Komponisten in ihren Mauern beherbergt hatte, und ließ etwas abseits hinter der Hofoper, versteckt im Burggarten, das Mozart-Denkmal von Viktor Tilgner aufstellen, und 1905 wurde im 4. Wiener Gemeindebezirk ein Zauberflöten-Brunnen enthüllt, auf einem kleinen Platz, der damals ebenfalls in Mozart-Platz umbenannt wurde. In diesem Bezirk stand einst inmitten der sechs Höfe des Wiedener Freihauses ein kleiner hölzerner Bau, das sogenannte Zauberflötenhäuschen, in dem Mozart wesentliche Teile seiner gleichnamigen Oper komponiert hatte. Das Zauberflötenhäuschen hat heute einen neuen Standort – im Salzburger Bastiongarten am Mozarteum.

Der Wiener Mozart-Platz und der Zauberflöten-Brunnen sind zwar etwas abgelegen, aber durchaus sinnvoll gewählt; führte doch schon damals von hier aus eine kleine Gasse zum Wienfluß, die nach dem Textdichter der „Zauberflöte“ und Gründer des Theaters an der Wien – wo sie auch uraufgeführt worden war –, Emanuel Schikaneder, benannt war. Ursprünglich gab es sogar noch zwischen der Gasse und dem auf der anderen Seite gelegenen Theater die Schikaneder-Brücke. Wer jedoch glaubt, die Stadtväter hätten 1905 lokal-symbolisch ausdrücken wollen, daß Mozarts Weg ins Theater an der Wien über die Schikaneder-Brücke geführt habe, überschätzt den geistigen Weitblick österreichischer Kulturbeamter. 1905 war der Wienfluß hier längst überwölbt, und Schikaneders Gasse und sein Theater waren wie heute durch die Viktualien-Buden des Naschmarktes getrennt.

Dem weltberühmten Geburtshaus Mozarts in der Salzburger Getreidegasse hat Wien heute das weit weniger attraktive und weniger prominente „Figaro-Haus“ in der Domgasse 5 entgegenzusetzen. Die Frage liegt nahe: Warum macht Wien nicht aus seinem Sterbehaus, was Salzburg aus seinem Geburtshaus machte?

Die lokalhistorische Suche nach der letzten Wohnstätte des Komponisten führt in den I. Bezirk, in die Rauhensteingasse. Hier stand vor 200 Jahren ein aus drei Häusern bestehender Gebäudekomplex, in dem sich unter anderem die Branntweinschenke „Zum goldenen A-B-C“ befand. Im unscheinbarsten der drei Gebäude, dem Klein-Kaisersteinschen Haus, starb Wolfgang Amadeus Mozart in der Nacht vom 5. auf den 6. Dezember 1791. Im Jahre 1848 ließ der damalige Besitzer Pietro di Galvagni alle drei Häuser abreißen und an ihrer Stelle ein Stadtpalais erbauen, dem er den Namen Mozarthof gab. Im Stiegenhaus des Neubaus wurde ein Jahr später eine Bronze-Büste des Tondichters aufgestellt und die Fassade des Mozarthofes mit Steinbüsten von Beethoven, Haydn, Gluck, Rossini und Weber geschmückt. Dann gingen die Zeiten darüber hin.

In der Kärntner Straße eröffnete ein Kaufhaus

seine Pforten. Seinen Bedürfnissen folgend, wurde es später erweitert, und man erwarb auch den an das Kaufhaus angrenzenden, schon etwas verfallenen Mozarthof, der in die Verkaufsräume einbezogen wurde und dessen Portal in der Rauhensteingasse ihm heute als Lieferanteneingang dient.

Inzwischen hat sich in Sachen Mozart einiges getan: In London hat der Dramatiker Peter Shaffer ein unbekanntes Puschkin-Stück und Mozarts Schweinigel-Briefe an sein „Bäsle" geplündert und daraus den erfolgreichen Bühnenreißer „Amadeus" gezimmert, aus dem dann in Hollywood ein noch erfolgreicherer Trend-Film wurde. Amerika und Europa ergriff das Amadeus-Fieber: Mozart als frecher und lustig koitierender Rokoko-Flegel. In sündteuren Brokatjakken, Rüschenblusen und bestickten Seidenhosen traf sich die Schickeria von Kampen oder München zur frivolen „Amadeus-Gala". „Rock Me Amadeus!" röchelte ein gewisser Falco unter bunt gepuderter Perücke und fuhr als Mozart-Popper mit dem Chopper durch die Rocker und mit Hit und Clip direkt an die Spitze der europäischen, ja sogar der US-Charts. Weltweit und mitten durch den 200. Geburtstag Johann Sebastian Bachs rüpelte 1985 ein fröhlicher Amadeus – Mozart als Punker.

Nicht in Wien, aber in England und Deutschland erschienen Bücher, die das landläufige Mozart-Bild gründlich korrigierten. Nicht in Wien, aber zwischen Mexiko und Ost-Berlin, in Brüssel oder Frankfurt gab es radikale und von der Kritik bejubelte Neuinterpretationen seiner Opern. Keine 200 Jahre nach seinem Tode war ein neuer Mozart entdeckt worden, insgesamt wohl kaum wahrer als all die falschen Vorstellungen, die es schon bisher von ihm gibt, aber populärer und zeitgenössischer.

Neben dem Falco-Hit gab es 1985 in Wien noch einen weiteren, weniger spektakulären als skurrilen Beitrag zur Mozart-Welle. In dem erwähnten Kaufhaus fand man im Keller des ehemaligen Mozarthofes die verstaubte, aber gut erhaltene Bronzebüste, die einst in dem längst abgerissenen Stiegenhaus gestanden hatte. Im Rahmen einer musikalisch umrahmten Feierstunde wurde sie im fünften Stock des ehemaligen Mozarthofes wieder aufgestellt – als Kernstück einer (vorerst noch dürftig ausgestatteten) neuen Gedenkstätte. Und da steht sie nun seitdem – mitten im Kaufhaus, gleichsam als Kunden-Attraktion in der Fahrradabteilung.

P. S.: Mozart in der Fahrradabteilung ist natürlich nur ein Provisorium. Wie die Leitung des Kaufhauses bald darauf versicherte, wird im Laufe der nächsten Jahre (!) ein eigener Gedenkraum adaptiert und gleichzeitig die Fassade des verfallenen Mozarthofes restauriert werden, inklusive des Portals und der ursprünglich darüber angebrachten, übrigen Musiker-Büsten.

DAS ATTENTAT

Ujegerl, ein Attentat
Auf unsern geliebten Kaiser.
Wie der Mörder die Augen verdraht!
Wie klingt seine Stimme heiser!
Vertilgt ihn, bevor es zu spat,
Und laßt in der Hölle ihn schnarchen!
Es wär nämlich wirklich schad
Um unsern geliebten Monarchen.

Fritz von Herzmanovsky-Orlando

Am 18. Februar 1853 wurde der junge Kaiser Franz Joseph I. während eines Spazierganges auf der Kärntner Bastei von dem 21jährigen ungarischen Schneidergesellen Johann Libényi überfallen und mit einem Küchenmesser am Hinterkopf verletzt. Der Attentäter konnte von dem Flügeladjutanten des Kaisers, Graf O'Donell, und dem zufällig anwesenden Fleischhauermeister Josef Ettenreich überwältigt und der Polizei übergeben werden Am 26. Februar wurde Libényi zum Tod durch den Strang verurteilt, das Urteil am 28. Februar um 8 Uhr früh vollstreckt.

Da über Wien der während der Revolution von 1848 verhängte Belagerungszustand offiziell noch nicht aufgehoben worden war, verdankte Libényi den schnellen Urteilsspruch einem Kriegsgericht. Die offizielle, recht ausführliche „Kundmachung" des Kriegsgerichts vom 26. Februar 1853 läßt sich überraschend vage über die Motive des Attentäters aus:

Als Militärschneider in Arad sei er nach der ungarischen Revolution zwar „vorwurfsfrei entlassen" worden, sei aber 1850 mit „Arbeitern seines Gewerbes in Verkehr (getreten), welche, mißvergnügt über die durch die siegreichen Waffen der rechtmäßigen

Regierung niedergehaltene Umwälzung und unzufrieden mit den neuen politischen und administrativen Verhältnissen des Königreiches Ungarn, durch fortwährenden wechselseitigen Austausch ihrer schlechten Gesinnung einen vorerst nur flüchtigen Gedanken zur Befreiung ihres Vaterlandes von der kaiserlichen Oberherrschaft in dem Gemüte des Inquisiten erregten".

In diesem Sinn verhetzt, sei Libényi im März 1851 – also fast zwei Jahre vor der Tat – nach Wien gekommen und habe hier „den Umgang mit gleichgesinnten Menschen, besonders mit seinen Landsleuten und Gewerbsgenossen" gesucht. Schließlich stellt das Kriegsgericht in seiner Kundmachung fest, daß es zur Ausführung des Mordanschlages gekommen sei, nachdem sich die Hoffnung der „Teilnehmer dieser Arbeiterklubs", der Kaiser möge bei seiner Reise durch Ungarn und Siebenbürgen „der mörderischen Hand eines ihrer Gesinnungsgenossen unterliegen", nicht erfüllt habe.

Ohne Zweifel ist dies eine erstaunlich vage Beweisführung der Motivation für das Attentat. Für die angedeutete Verschwörung gab es keine Belege. Es wurden weder Namen genannt, noch fanden weitere Verhöre oder gar Verhaftungen statt. Im Gegenteil: Die Untersuchungen der Behörden ergaben, daß Libényi ein sehr fleißiger, aber ruhiger und äußerst verschlossener Mensch war. Abgesehen von einem als Mitverschwörer offenbar nicht in Betracht gezogenen, ebenfalls ungarischen Setzerlehrling, hatte er nach Aussagen seines Hauswirts und seiner Arbeitgeber keinerlei bekannten Umgang.

Die Frage liegt nahe, warum Libényi als angeblich ungarischer Revolutionär sich in Wien und nicht in Ungarn selbst aufhielt? Wenn er aber mit dem Vorsatz, das Attentat auf den Kaiser auszuführen, nach Wien gekommen war, warum hatte er dann zwei Jahre gewartet? Mit erst 18 Jahren hatte Franz Joseph 1848, in einer für den Bestand der Monarchie äußerst schwierigen Zeit, den Thron bestiegen. Die politische Situation erforderte von ihm in den folgenden Jahren höchst unpopuläre Maßnahmen. Dabei agierte der unerfahrene Kaiser im politischen Sinne seiner ehrgeizigen Mutter Erzherzogin Sophie und Metternichs, der 1851 aus dem englischen Exil zurückgekehrt war. Mit militärischer Hilfe Rußlands wurde die ungarische Revolution blutig niedergeschlagen. In den folgenden Jahren wurden dann im ganzen Reich die 1848 gemachten Zugeständnisse an eine demokratischere Liberalisierung Zug um Zug zurückgenommen und eine neo-absolutistische Monarchie installiert.

Es war eine verhängnisvolle Weichenstellung, die natürlich nicht zur Beliebtheit des Kaisers beitrug. Aber für Erzherzogin Sophie, schon zu Zeiten Kaiser Ferdinands und seines „Greisenregiments“ als „einziger Mann am Wiener Hof“ heimlich bespöttelt, war sie unabdingbar als Konstituierung des traditionellen Machtanspruchs der Habsburgischen Monarchie in Europa.

In dieser Situation war das mißglückte Attentat eine Gelegenheit, die Position des um Anerkennung ringenden jugendlichen Kaisers wenigstens ideel und gefühlsmäßig innenpolitisch, also bei seinen Untertanen, zu festigen. Die verabscheuungswürdige Tat eines versuchten Meuchelmordes disqualifiziert gleichzeitig auch die politischen Motive des Attentäters.

In der Kundmachung des Militärgerichts werden diese politischen Motive zwar nicht als erwiesen konkret benannt, jedoch der öffentlichen Meinung eindeutig nahegelegt. Ohne den Namen des offensichtlich gemeinten ungarischen Freiheitshelden Lajos Kossuth zu nennen, heißt es da, Libényi habe sich auf dem Weg zum Gefängnis „bezeichnender Exclamationen für die freie Republik (bedient) und Denjenigen, der sein Vaterland durch Aufruhr und Hochverrath in so tiefe Leiden gestürzt und dasselbe durch einen neuen revolutionären Aufruf aus sicherem Verstecke allen Greueln des Bürgerkrieges abermals zu überliefern bemüht ist". (Hervorhebungen im Original.)

Die mögliche, aber unbewiesene Politisierung des Attentats wurde also ganz bewußt hervorgehoben und von der Presse entsprechend aufgegriffen. Selbst liberal gesinnte Untertanen mußten eine Verschwörung, die vor einem Mordanschlag auf die apostolische Majestät des Kaisers nicht zurückschreckt, verurteilen. Auf diese Weise brachte das Attentat dem Kaiser bisher ungewohnte Sympathien ein: Unter dem unbeschreiblichen Jubel der Bevölkerung, so berichten übereinstimmend alle Chronisten, unternahm Kaiser Franz Joseph I. am 12. März 1853 seine erste Ausfahrt nach dem Attentat.

Aber die ungewohnte Welle der Sympathie für den Kaiser und damit für seine Regentschaft, wurde auch politisch genutzt. Der Jurist und Erzieher des Kaisers sowie seiner Brüder, Johann Perthaler, verfaßte gleich nach dem Attentat ein Gedicht, das mit den Versen endet:

„. . . Und das Gebet erhebt sich
zu den Sternen,
Es schwillt und strömt hinaus,
ein mächt'ger Strom,
Bis an des Reiches Grenzen,
an die fernen –
Nur ein Gefühl –
das ganze Reich ein Dom.“

Perthaler, der später maßgeblich an der Abfassung des „Februarpatentes" von 1861 – einer die Krone stärkende, zentralistischen Verfassung – beteiligt gewesen sein soll, von diesem Perthaler ist vermutlich auch die Idee zum Bau einer Kirche – „das ganze Reich ein Dom" – ausgegangen. Möglicherweise war es auch Erzherzogin Sophie, bei der das Gedicht Perthalers eine „günstige Aufnahme" gefunden hatte.

Der Aufruf zur Erbauung einer „gotisch angeregten" Kirche als Denkmal für die Errettung seines kaiserlichen Bruders kam dann allerdings von Erzherzog Maximilian, den ein besonderes Freundschaftsverhältnis zu seinem ehemaligen Lehrer Perthaler verband. Er erfolgte nur eine Woche nach dem Attentat, also noch vor der Hinrichtung Libényis. Die Folge waren erhebliche Geld- und Sachspenden für den Bau der Votivkirche von mehr als 300 000 Personen. Das somit auch von den Untertanen mitfinanzierte Symbol für die Einheit des Vielvölkerstaates wurde zwischen 1856 und 1879 von dem jungen Ringstraßen-Architekten Heinrich Ferstel erbaut.

Es ist aus heutiger Sicht schwer zu entscheiden, wieweit das vorgegebene Motiv des Attentäters, nämlich im Sinne oder gar im Auftrag einer republikanisch-ungarischen Verschwörung gehandelt zu haben, der Wahrheit entspricht. Die bekanntgewordenen Fakten lassen immerhin Zweifel daran aufkommen.

Aber welches Motiv hätte der junge Ungar, der immerhin als Militärschneider für die Aufständischen in Arad gearbeitet hatte, sonst haben können, einen Mordanschlag auf die Person des Kaisers zu verüben?

Mehr als 65 Jahre später erschien kurz nach dem Umsturz in einer Budapester Zeitung („Neues Politisches Volksblatt") eine Artikel-Serie über „Franz Joseph I. und seine Zeit". Der Autor Keményi ist ein über Fakten, Namen, Ort und Zeitangaben offensichtlich gut informierter Journalist. Dem Attentat von 1853 gibt er jedoch einen völlig anderen Hintergrund.

Nach seiner Darstellung hatte Johann Libényi eine Schwester, die bereits einige Jahre vor ihm nach Wien gekommen sein soll, um hier Verwandte zu besuchen. Das junge Mädchen war offensichtlich bildhübsch und konnte ausgezeichnet Csárdás tanzen. So gab ihr der Leiter des Hofopernballetts die Chance, in einem Ballett des Erzherzogs Maximilian aufzutreten. Wenig später wurde Margit Libényi unter dem Namen Mizzi Langer nicht nur Mitglied des

Hofopernballetts, sondern auch die Geliebte des jungen Kaisers Franz Joseph.

Das kann, auch wenn es sich nach so vielen Jahren kaum mehr nachprüfen läßt, durchaus möglich gewesen sein. Erst 1986 wurden die Tagebücher der Anna Nahowski veröffentlicht, aus denen unzweifelhaft hervorgeht, daß sie zwischen 1875 – der Kaiser war damals bereits gut 20 Jahre verheiratet – und 1889 die Geliebte Franz Josephs war. Kurz nach der Tragödie von Mayerling brach der Kaiser die Beziehung zu Anna Nahowski ab. Sie mußte schwören, nie über ihre Bekanntschaft mit dem Kaiser zu sprechen und wurde mit einer größeren Summe abgefunden. Der eigentliche Grund für das Ende war, daß der Kaiser zu der Zeit bereits die Hofburgschauspielerin Katharina Schratt kennengelernt hatte.

Eine Liaison dieser Art war für die Angehörigen des Erzhauses und offenbar auch für den Kaiser nichts Ungewöhnliches. Ganz unbekannt blieben sie fast nie, wurden aber in der Öffentlichkeit stets mit Diskretion behandelt und mit der entsprechend konsequenten Diskretion auch vom Hof beendet. Beim Tod des Kronprinzen Rudolf und seiner Geliebten Mary Vetsera im Jahre 1889 ging die Diskretion des Hofes so weit, daß die genauen Umstände bis heute nicht restlos geklärt sind. In der Folge sprach man deshalb auch nie von einem Skandal, sondern eben von der „Tragödie von Mayerling".

Wie später Anna Nahowski so soll auch Libényis Schwester Mizzi Langer vom Kaiser eine Villa geschenkt und andere Zuwendungen erhalten haben, die ihr eine entsprechende Lebensführung erlaubten. Diese Verbindung konnte Johann Libényi, als er nach Wien kam, nicht verborgen bleiben und wurde von ihm auch nicht geduldet. Das erklärt, warum er an dem aufwendigen Lebensstil seiner Schwester nicht teilnahm. Für Keményi war dies schließlich der Grund für das Attentat auf den Kaiser.

Keményi berichtet weiter, daß man auch Mizzi Langer verhaften wollte, dies aber von Franz Joseph unterbunden wurde, der gleichzeitig die Beziehung zu ihr abbrach.

Welches auch immer die wahren Motive des Johann Libényi gewesen waren, aus der Tatsache des (mißglückten) Attentats zogen der Kaiser und seine Berater geschickt politisches Kapital in ihrem Sinne: Der Vielvölkerstaat wurde wiederum in das Korsett einer zentral regierten, neoabsolutistischen Monarchie gezwängt.

Als die nationalen Probleme immer offenbarer wurden und politisch eine föderalistische Denkungsweise erfordert hätten, vertrat der Kaiser noch immer und bis zuletzt diesen absolutistischen Machtanspruch. Da es ihm an Phantasie mangelte, die Geschicke des Landes zu lenken, verwaltete er sie. Die Unbeweglichkeit, die sein Verhalten und seine Politik kennzeichnete, kam nicht vordergründig aus dem Bedürfnis persönlichen Machtanspruchs, sie war nicht Starrsinn, sondern korrekte Pflichterfüllung in einem Sinne, wie er sie in den Idealen des Militärs und des Beamtentums, den beiden Stützen der Monarchie, sah.

Mit dieser Auffassung korrigierte er sich selbst und seine privaten Liebesaffären, die in krassem Widerspruch dazu standen. Aber was er sich selbst gestattete, beklagte er bei den anderen Mitgliedern der Familie. Da war – neben dem schon erwähnten Kronprinzen Rudolf – Erzherzog Johann Salvator, der mit der Ballett-Tänzerin Milli Stubel lebte, sie schließlich heiratete und aus dem Haus Habsburg austreten mußte. Ebenso Franz Josephs Vetter Erzherzog Ferdinand Karl, der die Professoren-Tochter Bertha Czuber heiratete und als Ferdinand Burg in München starb. Auch Erzherzog Leopold Ferdinand (aus der toscanischen Linie) nahm einen bürgerlichen Namen an und machte nach dem Ersten Weltkrieg als Leopold Wölfling in Berlin Kabarett. Seine Schwester Luise, mit dem sächsischen Kronprinzen verheiratet, brannte durch und heiratete später den italienischen Klavierspieler Enrico Toselli.

„Was diese Erzherzöge und Erzherzoginnen treiben, ist geradezu unerhört! Sie wollen auf jeden Fall der Öffentlichkeit beweisen, daß die Dynastie dekadent, degeneriert ist", sagte Ministerpräsident Ernest von Koerber.

So ein diskretes, bürgerliches G'spusi wurde toleriert, auch eines mit einem „süßen Mädel" vom Ballett. Wo aber Liebe und Ehe die Folgen waren, da wurde Franz Joseph unerbittlich. So auch im Fall des Thronfolgers Franz Ferdinand und der Gräfin Sophie Chotek von Chotkowa und Wognin. Die Gräfin war zwar aus altem böhmischen Adel, doch der war bei Hofe längst nicht so angesehen wie etwa der weit jüngere (aber höhere) ungarische Adel. Für einen Erzherzog, insbesondere den Thronfolger, war die Ehe mit einer böhmischen Gräfin nicht standesgemäß.

Zuletzt willigte der Kaiser unter einer Bedingung in diese morganatische Ehe ein: Am 28. Juni 1900 schwor Franz Ferdinand den Renunziationseid, daß er für seine Frau auf alle Ehren einer standesgemäßen Gemahlin und für alle zukünftigen Kinder aus dieser Ehe auf das Recht der Thronfolge in Österreich und Ungarn verzichte. Auf den Tag 14 Jahre später fielen der Thronfolger und seine Gemahlin in Sarajewo jenem Attentat zum Opfer, das zum Ausbruch des Ersten Weltkrieges und zur Zerschlagung Österreich-Ungarns führte.

Im Krisengebiet auf dem Balkan hatte Franz Ferdinand die Manöver geleitet. Erstmals durfte ihn öffentlich seine Frau begleiten, weil er nicht als Thronfolger, sondern als Generalinspekteur der Armee reiste. Dementsprechend war seine (angeordnete!) Begleitung und Bewachung auch nicht die, die einem Thronfolger angemessen gewesen wäre. Und das, obwohl man in Sarajewo nicht nur serbische Anschläge zu befürchten hatte, sondern es sogar konkrete Hinweise dafür gab.

Das starre Protokoll triumphierte verhängnisvoll über die politische Vernunft.

Müßig zu fragen, ob mehr Sicherheitsbeamte den Thronfolger hätten wirksam schützen können. Müßig auch zu fragen, wie sehr die politischen Ansichten und das Verhalten Franz Ferdinands das Attentat provozierten. Vier Wochen danach begann mit der Kriegserklärung an Serbien der letzte Akt des Untergangs.

Zwei Attentate, zwei Reaktionen und ein Kaiser, der zuerst in seiner Unerfahrenheit und zuletzt in seiner Unbeweglichkeit für alles die Verantwortung übernahm. Der ehemalige österreichische Ministerpräsident Ernest von Koerber zog das Resümee: „Zweifach hat uns Franz Joseph unendlich geschadet, einmal durch seine Jugend und das zweite Mal durch sein Alter."

UNGARISCHER VORMÄRZ

Ungarn ist leicht zu enthusiasmieren, aber schwer zu regieren.

Clemens Fürst von Metternich

Für die Zeit zwischen dem Wiener Kongreß 1815 und der Revolution von 1848 sind zwei unterschiedliche, ja gegensätzliche Bezeichnungen üblich: Vormärz (mit Bezug auf die im März 1848 ausbrechende Revolution) und Biedermeier. Die unpolitische wird von Österreichern in der Regel vorgezogen.

Die zwei Habsburger, die während dieser Jahre in Wien residierten, waren der „gute Kaiser Franz" und „Ferdinand der Gütige", wie sie von ihren österreichischen Untertanen liebevoll genannt wurden. Die straffen Zügel der Regierung hielt allerdings Fürst Metternich in den Händen, der mit strenger Zensur und einem ausgedehnten Spitzelsystem die Monarchie als Polizeistaat verwaltete.

Das einengende System, das politische Rechte und Freiheiten beschnitt und dabei wenig auf nationale Wünsche und Eigenheiten Rücksicht nahm, machte besonders den Ungarn zu schaffen. 1741 war noch Maria Theresia in Preßburg unter großem Jubel zur Königin von Ungarn gekrönt worden. Doch den vier Nachfolgern auf dem Kaiserthron blieb die Stephanskrone versagt. Joseph II. hatte fast alle seine aufgeklärten Reformen zuerst in Ungarn zurücknehmen müssen. Kaiser Leopold regierte zu kurz, und bei Franz und Ferdinand war wegen des Metternichschen Systems gar nicht daran zu denken.

Der Wiener Vormärz wurde nicht zufällig von den Nachfahren Biedermeier genannt. Auch die kurze Blüte einer Kunst und Literatur im Geiste der Aufklärung war von Zensur und Polizeimaßnahmen erstickt worden, und man flüchtete sich in die unpolitische Idylle. Dichter wie Grillparzer, Stifter oder Nestroy mußten sich damit herumschlagen.

Im Jahre 1816 wurde in Prag ein 19jähriger Konventstudent des ritterlichen Ordens der Kreuzherren zum Priester geweiht, dem seine Lehrer glänzende Anlagen, seltenen Fleiß und außerordentliche Sprachkenntnisse nachrühmten: Karl Magnus Postl, aus einem kleinen Dorf in Mähren. Aber der aufgeschlossene, eher der Welt zugewandte junge Geistliche war nicht glücklich mit seinem Stand, zumal ihn die Fesseln der Kirche nicht den Fesseln des Staates enthoben.

Ende April 1823 verließ er unter einem Vorwand Prag, hielt sich einige Zeit in Wien auf und verschwand. Erst nach seinem Tode konnte man Postls weiteren Lebensweg rekonstruieren. Über die Schweiz gelangte er noch im gleichen Jahr nach New Orleans und hielt sich insgesamt neun Jahre, verschiedene Berufe ausübend, in den Vereinigten Staaten auf. Nach Europa zurückgekehrt, ließ er sich schließlich im schweizerischen Solothurn nieder, wo er 1864 unter dem Namen Charles Sealsfield starb.

Unter diesem Namen ging der Aussteiger und Abenteurer in die Literaturgeschichte ein. Aber nicht von seinen realistisch exotischen Romanen und Erzählungen aus Amerika, wie „Das Kajütenbuch", die ihn berühmt machten, soll hier die Rede sein. 1828 erschien in London ein selten genanntes und wenig bekanntes Buch, in dem sich der liberale Freigeist die Haßliebe zu seinem Vaterland von der Seele schrieb: „Austria as it is: or, sketches of continental courts. By an eye-witness".

„Österreich wie es ist" beschreibt Sealsfield u. a. in einer österreichisch-ungarischen Anekdote, deren Augenzeuge er während seines Aufenthalts in Wien geworden war.

Schon in Prag war es dem gescheiten und aufgeschlossenen jungen Mann gelungen, einflußreiche

Freunde zu gewinnen und in gesellschaftlich bedeutenden, meist aristokratischen Häusern zu verkehren. So war es auch in Wien. Und so sollte es in Amerika, in London, Paris und in der Schweiz sein.

In Wien war der zukünftige Charles Sealsfield in einem Gasthof abgestiegen, wo er täglich nach einheimischer Sitte ein kräftiges Gabelfrühstück zu sich nahm, das aus „Krennfleisch oder Würsteln mit Senf und einigen Gläschen österreichischen Weines" bestand.

Gerade in diesen Tagen war Kaiser Franz I. von einer schweren Krankheit genesen, und ganz Wien nahm das zum Anlaß für ausgedehnte Feste und Feiern.

Da betraten goldbetreßt und in ihrem farbenprächtigen Nationalkostüm drei ungarische Edelleute den Gasthof, legten klirrend ihre Säbel ab und bestellten drei Flaschen ungarischen und sechs Flaschen österreichischen Wein. Als der Kellner das Verlangte gebracht hatte, wurde er um einen Weinkühler geschickt und ihm befohlen, den österreichischen Wein hineinzuschütten, um den ungarischen Wein darin zu kühlen.

Eine Herausforderung, ja ein Delikt, das zu jener Zeit an Staatsverrat und Majestätsbeleidigung grenzte. Alle Augen richteten sich auf die drei Ungarn, die so offensichtlich ihre Verachtung für Österreich zur Schau trugen. Der bestürzte Kellner erfüllte „mit österreichischer Dienstfertigkeit" den Befehl.

Nachdem sich noch drei weitere Gäste den Ungarn angeschlossen hatten, so berichtet Sealsfield, erhoben sie feierlich ihr Glas und tranken unter lauten „Vivat! Vivat!"-Rufen auf „Maria Theresia" und „Unser König, der konstitutionelle!"

Weder den Ungarn noch dem Chronisten Sealsfield (sein Buch erschien ja bereits 1828) kann damals klar gewesen sein, daß dies ein Trinkspruch im Geiste einer erst 25 Jahre später stattfindenden Revolution war, ein Trinkspruch zugleich auf die zuletzt gekrönte ungarische Königin, die bereits seit 43 Jahren tot war.

Erst 1867 krönten die Ungarn den Habsburger Franz Joseph I. wieder mit der so lange unbenutzten Stephanskrone.

RELIQUIEN

Hier liegt in süßer Ruh',
erdrückt von seiner Kuh
Franz Xaver Maier.
Daraus sieht man,
wie kurios man sterben kann.

Grabspruch aus Tirol

Der Umgang der Lebenden mit den Toten ist in Österreich mit so viel Selbstverständlichkeit verbunden, daß dem Ausländer in manchen Fällen die Grenze zum Makaberen nicht weit erscheint. Doch in Österreich ist das Leben schon mit so vielen kuriosen Widersprüchen belastet, warum nicht auch der Tod? Und manches, was dem uneingeweihten Besucher unverständlich erscheint, hat durchaus seinen Sinn, selbst wenn dieser nur in der Tradition besteht.

Die prominenteste Tradition war die „Dreiteilung" der toten Habsburger: Mit wenigen Ausnahmen wurden die Körper der Angehörigen des österreichischen Kaiserhauses einbalsamiert und in der Kaisergruft bei den Kapuzinern am heutigen Neuen Markt in Wien beigesetzt. Zuvor jedoch wurden die Toten geöffnet, um die Herzen und Eingeweide zu entnehmen. Die konservierten Herzen wurden in Silberbechern im „Herzgrüftl" der Loretokapelle in der Hofpfarrkirche, d. i. die Augustiner-Kirche, beigesetzt. Die Urnen mit den Eingeweiden befinden sich in der Herzoggruft in den Katakomben der Stephans-Kirche.

Ein einfaches, gläubiges Untertanen-Gemüt früherer Jahrhunderte konnte sich da schon so seine Gedanken machen, wie jeder einzelne Habsburger am Tag der Auferstehung wohl „beisammen" sein werde.

Betrachten darf man die mumifizierten Habsburger in der Kapuzinergruft nicht, ihre meist prunkvollen Särge sind fest verschlossen. Dafür gibt es unter der Michaeler-Kirche massenweise natürliche Mumien, die täglich zweimal gegen geringen Eintritt besichtigt werden können. Warum die hier vor 200 und mehr Jahren Beigesetzten nicht zu Staub verfielen wie anderswo, ist ein Geheimnis, das selbst die moderne Wissenschaft bis heute nicht klären konnte.

Was in der Michaelergruft das natürliche Klima besorgte, wird im Anatomischen Institut der Wiener Universität mit Chemie erreicht. Mehr als 1 000 Österreicher lassen sich heute noch pro Jahr nach ihrem Tod einbalsamieren – und nicht nur Prominente, wie der ehemalige Bundespräsident Theodor Körner oder Kardinal Innitzer. Und wo nicht der ganze Körper konserviert (und beigesetzt) wird, bleicht manchmal doch ein kleines Stück des Verstorbenen in der Wohnzimmer-Vitrine der Verwandten – in Formalin mit ein paar Spritzern Essigsäure, die gut ist „für einen natürlichen Teint", weiß Universitätsdozent Dr. P., der vierzig Jahre lang in Wien Leichen konservierte. Er erinnert sich: „Es kam schon vor, daß sich die Verwandten ein Stückchen Leber oder ein Stückchen vom Herzmuskel des Verstorbenen gewünscht haben. Das haben wir dann in ein Gefäß getan und den Verwandten zur Verfügung gestellt."

Keine gar so ungewöhnliche Bitte. Noch ganz ergriffen von der Begegnung mit dem toten Beethoven, notierte Franz von Hartmann, dem Freundeskreis Franz Schuberts zugehörig, am 28. März 1827 in sein Tagebuch: „Hinaus in das Schwarzspanierhaus, wo ich die Leiche des göttlichen Beethoven, der vorgestern um 6 Uhr abends starb, betrachte ... Eine Decke lag über ihm, und ein ehrwürdiger Alter, den ich eher für seinen Diener als für einen Totenwärter halten möchte, deckte mir ihn auf. Da sah ich sein herrliches Antlitz, das ich leider im Leben nicht hatte sehen können. Eine solche himmlische Würde, trotz der Entstellung, die er erlitten haben soll, lag über ihn ausgegossen, daß ich mich kaum an ihm sattsehen konnte. Voll Rührung ging ich wieder von dannen; und erst unten hätte ich weinen mögen, daß ich nicht den guten Alten gebeten hatte, mir einige Haare von ihm abzuschneiden. Ferdinand Sauter, mit dem ich mich zusammenbestellt hatte, den ich aber verfehlte, begegnete mir, und ich kehrte mit ihm um, ihm meinen Plan mitteilend. Der Alte zeigte ihn uns noch einmal und deckte uns auch die Brust auf, welche, so wie der hochgeschwollene Bauch, schon ganz blau war. Der Leichengeruch war schon sehr stark. Wir drückten dem Alten ein Trinkgeld in die Hand und baten um Haare von Beethoven. Er schüttelte mit dem Kopfe und winkte uns, stille zu schweigen. Wir trollten uns also über die Stiege traurig hinab, als auf einmal von oben an der Balustrade der Alte leise uns zurief, wir sollten am Tore warten, bis drei Gecken, die, mit den Röhrchen an den Pantalons klopfend, den herrlichen Toten betrachteten, fort wären. Dann begaben wir uns wieder hinauf, und aus der Tür kommend, den Finger auf den Mund legend, gab er uns in einem Papierchen die Haare und verschwand. In trauriger Freude darüber gingen wir . . ."

Es erstaunt, wie sich in diesen Zeilen ganz sachliche Feststellungen über den äußeren Zustand der Leiche mit ergriffener Bewunderung mischen. Aus dieser Mentalität heraus erscheint die Bitte, der öffentlich aufgebahrten Leiche heimlich ein paar Haare abzuschneiden, ganz natürlich.

Weniger natürlich erschien es einigen Zeitgenossen, als 1796 Kaiser Franz II. (später Franz I.) den Leichnam eines gewissen Angelo Soliman rauben und anschließend ausstopfen ließ, um damit die Sammlung seines Naturalienkabinetts zu bereichern. Sie enthielt bereits andere ausgestopfte Menschen, Angehörige der verschiedenen Rassen. Soliman war aber nicht nur Neger und – wahrscheinlich – Sohn eines ostafrikanischen Königs, sondern er war auch ein gebildeter und gesellschaftlich sehr bekannter Mann in Wien, der viele prominente Freunde und Gönner besaß.

Soliman war auch Logenbruder. Die Ereignisse in Frankreich seit der Französischen Revolution machten dem Kaiser die Freimaurer und ihre Ideen suspekt, obwohl es dafür in Wien keinen Anlaß gab. Das mag der Grund gewesen sein, daß sein naturwissenschaftlicher Ehrgeiz größer war als eine mögliche Rücksicht auf gewisse Kreise bei Hofe. Humanistische Skrupel gab es ohnehin nicht – Soliman war ja Neger. So waren die Interventionen seiner Logenbrüder Joseph Haydn und Josef von Sonnenfels – ein bekannter Staatswissenschaftler – vergeblich. Soliman und das kaiserliche Naturalienkabinett sollten später den Grundstock für das Naturhistorische Museum in Wien bilden.

In der anthropologischen Abteilung dieses Museums gibt es seit 1910 eine weitere geschichtsträchtige „Reliquie“: den mumifizierten Kopf des Grafen d'Arcourt mit gespaltenem Schädel. Am 24. August 1634, mitten im Dreißigjährigen Krieg, erlitt der französische Adelige während der Schlacht bei Nürnberg eine Kopfverletzung. Ein Wundarzt versuchte den Schädel zu öffnen und gab – vermutlich – dem Grafen dabei den Rest. Er trennte den Kopf von der Leiche, konservierte ihn und versuchte vergeblich, ihn der Geliebten des Grafen zu verkaufen. Irgendwie „überlebte“ der Schädel die Jahrhunderte, bis er um 1900 bei einem Händler in Nürnberg wieder auftauchte, wo ihn der Wiener Graf Wilczek erwarb. Nachdem auch die Nachfahren der Familie d'Arcourt in Frankreich kein Interesse an den erhaltenen Resten ihres Ahnen zeigten, fand der bleiche Grafen-Schädel seine letzte Ruhe im Museum.

Schließlich beherbergt Wien der Welt größte Sammlung „menschlicher Präparate“ im ehemaligen Narrenturm des Allgemeinen Krankenhauses. Eine Besichtigung der etwa 35 000 Objekte, die hier auf engstem Raum untergebracht wurden, ist nichts für schwache Nerven. Im Original werden hier Mißbildungen wie „Zyklopen“ mit einem Auge und einem Rüssel darüber oder mit zwei Köpfen, und vor allem mit seltenen oder „ausgestorbenen“ Krankheiten gezeigt. Ein dreijähriges Kind, das nach Schätzungen der Experten 1780 gestorben ist, dürfte das älteste Präparat sein. 16 Jahre vor dem Tod Solimans wurde es abgehäutet, über ein Gestell gezogen und ausgestopft. Damals war so etwas keineswegs ein Unikat!

Eines der „neuesten“ Originale, die der Wiener Narrenturm beherbergt, darf als Schaustück nicht öffentlich ausgestellt werden, obwohl es sich zweifellos um eine berühmte Reliquie handelt: Es ist der präparierte Kopf des italienischen Anarchisten Luigi Luccheni, der am 10. September 1898 die österreichische Kaiserin Elisabeth in Genf ermordete.

In der Schweiz, das die Todesstrafe damals bereits abgeschafft hatte, war der 25jährige Attentäter zu einer lebenslangen Haftstrafe verurteilt worden. Zwölf Jahre später wurde Luccheni erhängt in seiner Zelle aufgefunden. Selbstmord. Selbstmord?

Viele Kriminologen vertraten 1910 eine These des Psychiaters Lombroso, derzufolge man einen Verbrecher schon an seiner Kopfform erkennen könne. So wurde das Haupt Lucchenis abgetrennt, genau vermessen und in einem mit Formaldehyd gefüllten Glasbehälter im Genfer Leichenhaus aufbewahrt. Daß man den Kopf entgegen der üblichen Praxis oberhalb des Halses vom Körper abgetrennt hatte, nährte jahrzehntelang immer wieder geäußerte Gerüchte, Agenten des österreichischen Geheimdienstes könnten den Mörder in seiner Zelle ermordet haben. Längst war die Lombroso-These ad acta gelegt, doch der für die Wissenschaft uninteressant gewordene, präparierte Kopf wurde nicht aus dem Glas genommen und neben den Gebeinen des Attentäters in Genf beigesetzt.

Verschiedene offizielle und inoffizielle Anträge Österreichs um Auslieferung dieser antimonarchistischen Reliquie wurden abgelehnt. Gern hätte man den Kopf des „Sissi-Mörders“ im Kriminalmuseum auf Schloß Scharnstein in Oberösterreich ausgestellt, wo bereits die Mordwaffe, eine zugeschliffene Feile, gezeigt wird. Auch Privatleute aus Österreich hatten sich mit hohen finanziellen Angeboten um die „Auslieferung“ bemüht. Selbst das Genfer Nobel-Hotel „Beau Rivage“, in dem die Kaiserin abgestiegen war und in das man die Sterbende trug, hatte sich um den Kopf bemüht, um ihn seiner Sammlung von Andenken an berühmte Gäste einzuverleiben.

76 Jahre nach dem Attentat entsprach man in Genf einer erneuten Bitte Österreichs, „aus historischen Gründen . . . das Exponat nach Wien zu bekommen“ (der Wiener Pathologe Professor Dr. Johann Heinrich Holzer). Allerdings war die „Auslieferung“ im August 1986 an zwei Bedingungen geknüpft: Der Mörderkopf ist eine – unbefristet überlassene – Leihgabe und darf nicht öffentlich ausgestellt werden. Eine Auflage, die der traditionsverbundenen und reliquienseligen Mentalität hierzulande bitter entgegensteht.

HEIMAT BIST DU GROSSER SÖHNE

Bedenkt man dazu, daß auch die Menschen dieses Landes einem mehr dekorativen als realen Zweck entsprechen, so bekommt man einen Begriff von der Schwierigkeit hiesigen Lebens.

Karl Kraus

Im März 1913 gelang es dem Psychologen und Privatdozenten an der Universität Graz, Vittorio Benussi, einen Apparat zu konstruieren, mit dem man die Atmungsphasen und Veränderungen des Pulsschlags eines Menschen genau registrieren und sichtbar machen konnte. An der Universität gab es damals schon eine Einrichtung, auf die die Grazer mit Recht stolz waren, nämlich das weltweit erste und zu der Zeit eines der bedeutendsten Institute für Kriminologie. Gründer und Leiter dieses Instituts war das Haupt der „Grazer Schule der Kriminologie" Professor Hans Gross. Es lag nahe, daß Benussi sich an Gross wandte, um ihm den Apparat vorzuführen.

Als Psychologe war er der Überzeugung, mit Hilfe dieses Apparates müßte es sich feststellen lassen, ob ein eines Verbrechens Verdächtigter im Verhör die Wahrheit sagt oder lügt. Was Benussi erfunden hatte, war nichts anderes als der erste Lügendetektor der Welt. Gross ließ sich die Funktionen des Apparates und seine Möglichkeiten genau erklären. Doch dann lehnte er ab: „Schauen Sie, wenn so einem armen Teufel schon gelingt, sich herauszureden, so wollen wir ihm doch eine letzte Chance nicht nehmen."

Und dabei blieb es bis zum heutigen Tag, obwohl der später in den USA entwickelte Lügendetektor ein sehr viel sensibleres Meßgerät ist, daß auch die Hautfeuchtigkeit und Herzströme registriert. Der Lügendetektor ist heute noch umstritten und sein Einsatz außer in Österreich auch in der Bundesrepublik Deutschland und in der Schweiz nicht zulässig. Aufschlußreich ist aber ohne Zweifel die Begründung, die Gross, der als erster wissenschaftliche Methoden in die Kriminologie einführte, Benussi gab.

Gross hatte vermutlich genau erkannt, welche Möglichkeiten das Gerät bot, denn er lehnte es nicht wegen seiner möglicherweise noch nicht perfekten Technik ab, sondern weil es die Sphäre einer inneren Psyche bloßlegte. An dieser Auffassung von Psychologie und Neurologie scheiterte damals auch Sigmund Freud. Die Anlage zum Verbrecher galt wie die zu einer „anormalen" Sexualität als krankhafte Perversion. Man glaubte an psychische Heilmethoden wie etwa Elektroschocks, die Wagner-Jauregg in Wien anwandte. Die Archäologie des Unterbewußtseins, wie sie Sigmund Freud betrieb, war tabu.

Benussi blieb die Aufnahme in die Enzyklopädie bedeutender Erfinder versagt. Ein österreichisches Schicksal, das er mit bedeutenderen Männern teilt. Die Gründe, warum die Heimat manche ihrer großen Söhne nicht groß werden ließ, sind unterschiedlich: Mißgunst, Ignoranz, fehlende Unterstützung und oft alles zusammen. Das hat nicht zuletzt mit einer weitverbreiteten Beharrungs-Mentalität zu tun, die lieber auf das Alte, Bewährte setzt als auf das Neue und Riskante.

Das alles wäre nicht so augenfällig, denn auch andernorts laufen verkannte Genies herum, wäre Österreich nicht zugleich ein Land der Pioniere, der individuellen Abenteurer. Zahlreiche Geographen, Völkerkundler und andere Forscher machten von Österreich aus die abenteuerlichsten Reisen in alle Welt und brachten wertvolle Aufzeichnungen und Sammlungen heim. Nicht zufällig galt Österreich als eine der bedeutendsten Kulturnationen, einen Ruf, den es besonders durch Leistungen in der Musik, den bildenden Künsten, der Literatur und der Philosophie erwarb, aber auch durch Leistungen auf den Gebieten der Medizin und verschiedenen Naturwissenschaften.

Trotzdem war das Neue hier immer schwerer durchzusetzen als in vielen anderen Ländern, wurde oft zu spät erkannt und selten gefördert. Besonders deutlich wurde das, als im neunzehnten Jahrhundert das Zeitalter der Technisierung anbrach und in der Hofburg zuerst ein geistig unfähiger und dann ein geistig unbeweglicher Kaiser einem liberalen Fortschrittsglauben die bewährte Tradition der Monarchie entgegensetzte. Sie bestand in der perfekten beamteten und militärischen Verwaltung dessen, was war.

Nicht nur das Kaiserhaus, auch das Volk dachte so. Da war es schon viel, wenn etwa private Initiativen nicht von außen oder oben behindert wurden. Die Industrialisierung vollzog sich in Österreich – und das heißt zu 90 Prozent in Wien – fast ausschließlich aufgrund privater Initiativen und Investitionen.

Als Salomon von Rothschild das gewagte Projekt einer ersten Eisenbahnlinie von Wien bis nach Galizien plante und finanzieren wollte, zeigte es sich bald, daß der Absatz der aufgelegten Aktien dafür mehr als schlecht war. 1836 bat er schließlich den Kaiser um die Erlaubnis, die Linie „Kaiser-Ferdinand-Nordbahn“ nennen zu dürfen. Innerhalb kürzester Zeit stiegen darauf der Absatz und der Wert der Aktien. Schon im November 1837 konnte das Stück Wien–Deutsch-Wagram als erste österreichische Dampfeisenbahnlinie eröffnet werden.

Einige Jahre später sollte eine andere Fehleinschätzung schwere Folgen nach sich ziehen. Ab 1841 produzierte man in Preußen das erste brauchbare Zündnadelgewehr, einen Hinterlader, den 14 Jahre zuvor (auch die Preußen waren nicht immer schnell!) der

Thüringer Waffentechniker Johann Nikolaus von Dreyse konstruiert hatte. 1848 war Erzherzog Johann in Frankfurt, um vom Parlament als Reichsverweser für seinen kaiserlichen Neffen Ferdinand I. bestätigt zu werden, und sah dort zum erstenmal die neue Waffe. Der „grüne" Erzherzog, nicht nur der Steiermark, sondern auch dem technischen Fortschritt gegenüber ungewöhnlich aufgeschlossen, erfaßte sofort den Wert dieser Neuerung. Nach Wien zurückgekehrt, versuchte er vergeblich, das Dreyse-Gewehr beim österreichischen Generalstab durchzusetzen. Die schmerzliche Erkenntnis, eine Fehlentscheidung getroffen zu haben, kam erst 18 Jahre später, als die mit Hinterladern ausgerüstete preußische Armee den Österreichern 1866 bei Königgrätz eine vernichtende Niederlage bereitete. Aber da war der steirische Johann bereits sieben Jahre tot.

Vielleicht ist das Ressentiment gegenüber einem „preußischen" Waffentechniker noch verständlich. Doch auch der rege Erfindergeist des Niederösterreichers Franz Freiherr von Uchatius (1811 bis 1881) stieß auf so viel Mißtrauen und Ablehnung, daß dieser schließlich Selbstmord beging. Seine bedeutendste aller Erfindungen war eine Stahlbronze, die gleichzeitig elastisch und von hoher Widerstandskraft war und mit der sich größere und treffsichere Geschützrohre herstellen ließen. Möglicherweise hätte er mit seinem 1846 konstruierten Laufbildprojektor, einem von ihm nie ausgewerteten Vorläufer des Kinematographen, mehr Erfolg gehabt.

Ein Multi-Talent war auch der Böhme Joseph Ressel (1793 bis 1857). Aus unbegütertem Elternhaus kommend, erhielt er ein kaiserliches Stipendium – nicht für das von ihm gewünschte Studium der Technik, sondern das der Forstwirtschaft. Trotzdem brachte er es anschließend vom Förster in Krain über den Vizewaldmeister in Laibach bis zum Marineunterintendanten in Triest. Er erfand u. a. eine Öl- und Weinpresse, eine Preßwalzmaschine, ein Farbextraktionsverfahren, ein neues Rollen- und Kugellagersystem, neue Methoden der Salzgewinnung und Holzkonservierung und sogar einen Straßenbahndampfwagen. Den Plan einer Rohrpostleitung Wien–Triest mußte er bald aus finanziellen Gründen fallenlassen.

1827 erhielt er das Privileg zum Bau einer von einer Dampfmaschine angetriebenen Schiffsschraube. Zwei Jahre später kam es dann tatsächlich zu einer Probefahrt mit dem ersten Schraubendampfer „Civetta“ im Hafen von Triest. Zwar funktionierte das Prinzip vorzüglich, doch barst während der Fahrt ein Dampfrohr, was die Behörden zum Anlaß nahmen, alle weiteren Versuche zu verbieten.

Ressel reiste nach Paris, wo man zwar begeistert war, doch sich ebenfalls kein Geldgeber fand. Um das Geld für die Heimreise aufzubringen, mußte er das Patent für sein Farbextraktionsverfahren verkaufen. Wäre er nur nach England gefahren. Denn elf Jahre später wurde er Zeuge, wie der erste englische Schraubendampfer in den Hafen von Triest einfuhr. Nicht nur, daß die Engländer ohne sein Wissen die Erfindung ausgenutzt hatten, auch die ausgesetzte Prämie von 20 000 Pfund Sterling erhielt er nicht, weil man in London keine Unterlagen von ihm auftreiben konnte. In Wien ehrte man ihn dafür mit einem Beserlpark am Karlsplatz.

Nicht viel besser erging es dem Steirer Viktor Kaplan (1876 bis 1934), nach dessen Konzeption heute alle modernen Großturbinen für Niederdruckkraftwerke gebaut werden. Zehn Jahre arbeitete er als einfacher Konstrukteur an der Technischen Hochschule in Brünn. Dann erhielt er 1913 für die von ihm konstruierte Turbine ein Patent und gleichzeitig einen Ruf nach Aachen, worauf man ihm flugs eine außerordentliche Professur in Brünn anbot. Sechs Jahre mußte er allerdings noch kämpfen, bis die erste Mini-Kaplan-Turbine von der „Strickgarnfabrik M. Hofbauers Wwe.“ bei Gramatneusiedl in Betrieb genommen wurde. Sie hatte einen Laufraddurchmesser von 185 mm. Er beträgt bei der heute größten Kaplan-Turbine im Wolgakraftwerk Kuibyshew

9,3 Meter. Die erste internationale Anerkennung der Kaplan-Turbine brachte die Weltkraftwerkskonferenz 1936 in Berlin. Kaplan selbst war zwei Jahre vorher gestorben.

Am erstaunlichsten ist wohl die Pionier-Geschichte der österreichischen Luftfahrt. Es ist die Geschichte von ungewöhnlich begabten und initiativen Autodidakten, die ausnahmslos am konsequenten Desinteresse eines Kaisers, der nur widerwillig ein Automobil benutzte, und seiner Behörden scheiterte.

1873 kam der Klavierbauer Wilhelm Kress nach Wien. Als Sohn deutscher Eltern wurde er 1836 in St. Petersburg geboren. In Rußland hatte er sein erstes Modell eines Drachenfliegers gebaut, das sich jedoch nicht in die Luft erheben konnte, weil der Motor zu schwer war. Drei Jahre später gelang ihm der erste Freiflug eines kleinen Drachenfliegermodells. 1879 erhielt er auf dieses „Spielzeug, genannt Aeroveloce", ein deutsches Patent. Auf der „Ausstellung der Luftschiffahrt" 1888 im Wiener Prater zeigte er als einziger Modelle im Flug.

Wieder am Gewicht des Motors scheiterte zehn Jahre später sein erster Versuch, einen Drachenflieger mit Piloten starten zu lassen. Für weitere Tests fehlte ihm das Geld. Trotzdem hatte er wesentliche aerodynamische Erkenntnisse gesammelt, deren Auswertung er anderen überlassen mußte. Kress starb 1913.

Um diese Zeit befaßte sich in Wien der ungarische Holzhändler David Schwarz (1850 bis 1897) mit dem Luftschiffbau. Doch dafür interessierte sich in Österreich niemand. Eine längere Reise nach Rußland brachte ihm ebenfalls keine Unterstützung oder Geldgeber. Trotzdem baute er 1892–1894 sein erstes Luftschiff, aber ein Aufstiegsversuch scheiterte.

Unter den größten Schwierigkeiten konstruierte er nun in den beiden folgenden Jahren aus Aluminium das erste Ganzmetall-Luftschiff. Er starb, bevor ihn eine Einladung aus Deutschland erreichte, sein lenkbares Luftschiff in Berlin Tempelhof auszuprobieren.

Die Probefahrt, die seine Witwe am 3. November 1897 in Berlin organisierte, scheiterte schließlich an einem kleinen technischen Zwischenfall. Auch seine Erkenntnisse sollten anderen als Grundlage zur Weiterentwicklung dienen.

Am bekanntesten und relativ erfolgreich wurde Igo Etrich (1879 bis 1967), Sohn eines böhmischen Textilfabrikanten. Mit einem Gleiter aus dem Nachlaß von Lilienthal unternahm Etrich 1898 erste Tests, zusammen mit seinem Vater, im heimatlichen Oberaltstadt. 1906 flog Etrichs Mitarbeiter Franz Wels als erster in Österreich in einer Höhe von 20 Metern eine Strecke von 250 Metern.

Ein Jahr später stellte Etrich in der Prater-Rotunde in Wien das erste in Österreich konstruierte Motorflugzeug aus, das von den begeisterten Wienern sofort den Namen „Praterspatz" erhielt. Nach mehreren 100-Meter-Flügen in Wiener Neustadt gelang ihm am 17. Mai 1910 mit Etrich II der erste Überlandflug. 1911 baute er das erste österreichische Militärflugzeug, die berühmte Etrich-Taube, einen verspannten Eindecker. Eine wesentliche Weiterentwicklung ließen die beschränkten Mittel, die er erhielt, nicht zu.

Weit erfolgreicher war da der Wiener Edmund Rumpler (1872 bis 1940): Er ging 1906 nach Berlin und gründete dort zwei Jahre später die erste deutsche Flugzeugfabrik. Nach dem Vorbild der Etrich-Taube baute er dort die Rumpler-Taube und entwikkelte sie zum besten deutschen Flugzeug der Vorkriegszeit. Er baute auch die ersten Kabinen- und die ersten zweimotorigen Flugzeuge und stellte später seine Fabrik auf die Produktion von Automobilen um.

Ohne den eigentlichen Erfolg der Anerkennung, dafür durchaus abenteuerlich verlief schließlich die Karriere des Ungarn Oscar Asboth (1891 bis 1960). Bereits dem 18jährigen – Sohn eines kleinen Gutsbesitzers – finanzierte ein wohlhabender Tapezierermeister 1909 erste Flugtests mit einem selbstkonstruierten Motorflugzeug.

Als 22jähriger verhandelte er ohne Wissen der österreichisch-ungarischen Botschaft mit dem türkischen Kriegsministerium über den Aufbau einer türkischen Luftfahrt, wobei er dreist–naiv sowohl einer englischen als auch einer französischen Regierungsdelegation den Auftrag vor der Nase wegschnappte. Der Erste Weltkrieg verhinderte dann jedoch die Verwirklichung. Dafür konstruierte er nun auf dem Militärflughafen Fischamend bei Wien Luftschrauben für das österreichische Kriegsministerium und kämpfte mit der schwerfälligen Administration der Monarchie. Trotzdem erhielt er mehrere Patente für seine Erfindungen und Konstruktionen.

Nach dem Krieg – wieder in Ungarn – beschäftigte er sich mit der Konstruktion eines freifliegenden Helikopters. Von finanziellen Problemen bedrängt, war er ständig auf der Suche nach privaten Mäzenen, während die offiziellen ungarischen Stellen hinhaltend bis ablehnend reagierten.

1928 gelangen ihm und seinen Mitarbeitern erstmals mehrere Testflüge mit dem selbstgebauten Helikopter, fast zehn Jahre bevor Igor Sikorsky in den USA die ersten Hubschrauber baute. Aber Asboth fehlte das Geld, seine Konstruktion zu verbessern und weiterzuentwickeln. In der Hoffnung auf einen (später dann nicht eintreffenden) Auftrag der ungarischen Regierung lehnte er ein Millionen-Angebot des französischen Aero-Clubs und seines Präsidenten Cartier ab.

Die politische Entwicklung und der Zweite Weltkrieg verhinderten zuletzt ein Weiterverfolgen dieser Pläne. Später beschäftigte er sich mit der Konstruktion und Verbesserung neuartiger Luftschrauben und ihrer Anwendungsmöglichkeiten, ohne die hierfür notwendigen Test abschließen zu können.

Die Reihe der erfolglosen Erfinder in Österreich ließe sich noch lange fortsetzen. Viele ihrer Produkte, die dann in anderen Ländern ausgewertet wurden, sind heute im Technischen Museum in Wien zu sehen. So etwa die Schreibmaschine des Südtiroler Tischlers Peter Mitterhofer, die ihm Kaiser Franz Joseph für 150 Gulden abkaufte, um sie als Kuriosum der Sammlung einzureihen. In Wien sah sie der amerikanische Student Gidden, erfand sie noch einmal und verkaufte seine Erfindung an den Fabrikanten Remington.

Ähnlich erging es dem Schneidermeister Joseph Madersperger, der zwar für die Erfindung seiner Nähnadel mit dem Öhr in der Spitze ein Patent für drei Jahre erhielt, dessen Nähmaschine allerdings ebenso 30 Jahre später in Amerika wieder „erfunden" wurde. Madersperger starb dafür völlig verarmt im Versorgungsheim St. Marx.

Johann Kravogl hatte nichts davon, daß er den ersten Elektromotor konstruierte, und August Musger nichts von seiner Erfindung der Zeitlupe. Otto Nußbaumers selbstgebauter Detektor, mit dem er zum erstenmal die drahtlose Musikübertragung demonstrierte, verstaubte ungenutzt in Graz, und Siegfried Marcus bekam keinen Pfennig für seine Konstruktion des ersten Automobils. Dafür bekam er den ehrenvollen Auftrag, in der Hofburg eine Klingelleitung vom Zimmer der Kaiserin Elisabeth bis zu dem ihrer Kammerfrau zu legen.

All diese Versäumnisse, die Ignoranz und Interesselosigkeit Neuem gegenüber nur der Monarchie oder gar nur Kaiser Franz Joseph anzulasten, wäre sicher falsch, schon weil es in bestimmten Bereichen durchaus Fortschritte und Förderungen gab. Aber doch steht dahinter eine österreichische Tendenz zum Konservativen, die nicht nur das Bewahrenswerte bewahrt, sondern auch das Ungewohnte und oft Ungewöhnliche zu verhindern sucht. Das gilt nicht allein für den Fortschritt der Technik, es gilt oft sogar für das, was man in Österreich für seine Domäne hält: für die Entwicklung der Kultur.

Wer wurde nicht alles zu Lebzeiten vergessen oder blieb unbeachtet, bis er im Ausland erfolgreich oder nach seinem Tode zu entdecken war. Wo das Heute versäumt wird, erhält das Gestern immer spontanen

Beifall. Oder wie Karl Kraus konstatiert: „Die Vergangenheit reicht in die Gegenwart hinein, und daraus erklärt sich die bekannte Wiener Unpünktlichkeit.“

LEBENSLAUF EINES KELLNERS

Mir kann eigentlich nichts passieren. Ich bin Deutscher. Ich bin Tscheche. Ich bin Jud. Ich bin aus einem guten Haus. Ich bin Kommunist . . . Etwas davon hilft immer.

Egon Erwin Kisch

Ich bin ein Jud. Ich lebe in Österreich. Ich war in der Emigration. Ich hab was gegen Brecht . . . Etwas davon schadet immer.

Friedrich Torberg

Die Vielseitigkeit ist eine österreichische Schwäche und Begabung. Weniger wohlmeinende Betrachter sehen darin auch einen Grund für den in Österreich weit verbreiteten Dilettantismus, ein Merkmal, das – nimmt man den Begriff beim Wort – gar nicht so negativ anzusehen ist. Gleichwohl verzögern viele Liebhabereien die Verwirklichung jeder einzelnen. Robert Musil hat dies als „Möglichkeitssinn“ beschrieben – Österreicher mit mehreren Parteibüchern betrachten es eher als eine Absicherung nach verschiedenen Seiten.

Die Vielfalt der Interessen, Begabungen und Eigenschaften benötigen nicht unbedingt eine überdurchschnittliche Intelligenz, sondern sind vor allem von der Veranlagung und vom Charakter abhängig. Der Kellner, von dem hier die Rede sein soll und dessen Name nichts zur Sache tut, war nicht besonders intelligent, aber auch nicht dumm, wie die Geschichte zeigen wird. Er war ein ganz gewöhnlicher Wiener Kellner, der, noch in der untergehenden Monarchie geboren, etwa um 1930 seine Berufslaufbahn begann.

Da er vermutlich noch lebt und weniger seine Person als sein zeitgeschichtliches Schicksal von Interesse ist, will ich auf seinen wirklichen Namen verzichten und ihn einfach Franz nennen, oder besser Herr Franz, wie in Wien viele Ober gerufen werden.

Herr Franz fing natürlich seine Berufskarriere nicht gleich als Ober an. Damals war er noch d e r Franz und in der gastronomischen Hierarchie der letzte Dreck. Über die Rangfolge dieser Hierarchie und die damaligen Gebräuche lesen wir in einem älteren Wien-Führer:

„Die Speisenkarte bringt der ‚Speisenträger', welcher auch die Bestellungen entgegennimmt; Getränke bringt der ‚Pikkolo', während die Rechnung der ‚Zahlkellner' macht. Letztere erhalten in den besseren Restaurants zirka 5 Prozent der Zeche Trinkgeld, auch gibt man dem Speisenträger 6–10 h (Heller), dem Pikkolo 4–6 h. Alle diese Bediensteten sind auf die Trinkgelder angewiesen – dafür sind die Speisen entsprechend billiger. Das genommene Brot . . . wird mit 4–6 h berechnet und in manchen Restaurants . . . auch für Senf, Worcestershire-Sauce, Maggi-Extrakt u. dgl. eine kleine Gebühr (10 h) erhoben."

Aus der Bemerkung, daß die Kellner auf ein Trinkgeld „angewiesen" seien, kann der aufmerksame Leser noch schließen, daß sie darüber hinaus keinen Lohn bekommen, was in der Tat damals der Fall war. Daß jedoch auch für Senf, Maggi, Zahnstocher u. ä. eine „Gebühr" verlangt wurde, kann er erst verstehen, wenn er weiß, daß dieser Service nicht vom Restaurant, sondern vom (Zahl-)Kellner auf eigene Rechnung beigestellt werden mußte.

Wenn also ein Gast das Lokal verlassen wollte, war es auch für den letzten Pikkolo wichtig, seinen

Stuhl zu rücken, ihm in den Mantel zu helfen, den Hut zu reichen und sich vor allem in das Defilee der offenen Hand einzureihen.

Da die Kellner also keinen Lohn erhielten, waren sie auch keine Angestellten (und Arbeiter sowieso nicht), hatten keine festgelegte Arbeitszeit, keinen Ruhetag, keinen Kündigungsschutz und keine Kranken-, Sozial- und sonstige Versicherung. Das Verhängnis des Kellnerstandes lag darin, daß es zwar einen Arbeitgeber gab, dieser jedoch nicht für den Lohn zuständig war.

„Da kann ma halt nix machen, da könnt ja jeder kommen, das war scho immer so!“

Während in der Ersten Republik die Sozialisten und Gewerkschaften nachdrücklich für jene kämpften, die keine Arbeit oder auch nur zu wenig Lohn hatten, mußten die Kellner, die Arbeit und keinen festen Lohn hatten, sehen, wie sie zurechtkamen.

Natürlich konnte es auf die Dauer den Sozialisten nicht entgehen, daß bei all ihren Bemühungen ein ganzer Berufszweig durch den Rost gefallen war. So entschloß sich 1921 die Gewerkschaft zu einem Streikaufruf:

Wiener!

> Der klassenbewußte Teil der Arbeiter des Kaffeehausgewerbes befindet sich im Streik!
> Nicht nur, um ihre eigenen Interessen, sondern auch die Konsumenten vor der unersättlichen Raubgier der Unternehmer zu schützen. Wir fordern die endliche <u>Abschaffung des elenden Trinkgeldbettels,</u> denn wir wollen auch so wie Ihr aufrechte Menschen sein, welche nicht von Gnadenkreuzern leben wollen. Deshalb fordern wir auch einen <u>festen Lohn</u> . . .
> Wir wollen nicht mehr die konsumierenden Proletarier schröpfen lassen durch Unternehmer einerseits und Trinkgeld andererseits und wollen das Revier-(Einkellner-)System einführen.

Wir wollen uns nicht mehr zugrunde richten lassen durch eine überlange Arbeitszeit, denn 90% unserer Berufsgenossen sterben frühzeitig an Tuberkulose.
Darum fordern wir den Achtstundentag.
Darum heraus, Volksgenossen, Mitbrüder, konsumierende Proletarier!
... Seid auf unserer Seite im Kampfe um unsere Menschenrechte, gebet kein Trinkgeld mehr, um die Indolenten aufzurütteln.

Für das Streikkomitee
Martinelli – Bass.

Daß der Streik-Aufruf wenig erfolgreich war, lag nicht nur an der merkwürdigen Empfehlung an die „konsumierenden Proletarier", kein Trinkgeld mehr zu geben, sondern schlicht an der Tatsache, daß es ja noch gar keine Gewerkschaft für die „Arbeiter des Kaffeehausgewerbes" gab, die Kellner also noch gar nicht gewerkschaftlich organisiert waren.

Als Herr Franz einige Jahre später seine ersten Erfahrungen in der Branche machte, stellte er bald fest, daß einzig und allein die Sozialisten, wenn auch bisher vergeblich, weil sie ja nicht mehr in der Regierung waren, sich seiner Berufsprobleme anzunehmen gewillt waren. Und er trat der sozialdemokratischen Partei bei.

Während er von nun an aktiv innerhalb der Partei für die Besserstellung seines Standes sich mehr oder weniger vergeblich abmühte, versuchte er gleichzeitig seine eigene Notlage durch individuelle Aktionen zu verbessern. Diese, in seinem Beruf damals ganz üblichen Aktionen bewegten sich zwar etwas außerhalb der Legalität, aber sie zeitigten konkretere Erfolge als Streikaufrufe der Gewerkschaft. Sie reichten von der Manipulation von Abrechnungen bis hin zu den vielfältigsten Nebenerwerbsquellen.

Durch eine grobe Unaufmerksamkeit passierte ihm dann im 33er Jahr ein Mißgeschick, das ihm eine

Betrugsanzeige und im Laufe der Gerichtsverhandlung eine mehrmonatige Haftstrafe eintrug. Pech für den Herrn Franz, aber er sah ein, daß auch in schwierigen Zeiten Recht Recht bleiben muß.

Als er 1934 aus dem Gefängnis entlassen wurde, waren die Zeiten noch viel schwieriger geworden. Während er im „Häfen" gesessen hatte, war die Zahl der Arbeitslosen gestiegen und die der Parteien durch Verbote reduziert. Bei dem Versuch, mit seinen nunmehr illegalen Parteigenossen Kontakt aufzunehmen, passierte ihm das zweite Mißgeschick: Er wurde geschnappt und wegen Betätigung für eine verbotene Organisation erneut ins Gefängnis gesteckt.

Dann kam das Jahr 1938, und Herr Franz glaubte endlich aufatmen zu können. Offenbar hatten die jetzt regierenden Nationalsozialisten weniger Angst vor den Sozis als die österreichischen Faschisten, zumindest vor den kleinen Funktionären. Jedenfalls wurde Herr Franz entlassen, und er bekam sogar bald einen Job als Kellner gegen ein fixes Gehalt. Denn auch diese so lange ersehnte Neuerung hatte er den Nazis zu verdanken.

Alles wäre wunderbar gewesen, vielleicht wäre Herr Franz sogar Mitglied der NSDAP geworden, wenn es da nicht einen Umstand gegeben hätte, dem er bisher als nicht besonders gläubiger Mensch wenig Bedeutung beigemessen hatte. Herr Franz war nämlich Jude.

Das war nun kein persönliches Mißgeschick mehr. Das war Schicksal. 1939 brachte ihn dieses Schicksal erneut hinter Gitter und bald darauf in eine Außenstelle des KZ Mauthausen. Irgendwann zwischen 1942 und 1944 gelang ihm von dort die Flucht. Und es gelang ihm auch, sich bis zur Befreiung 1945 im Niederösterreichischen zu verstecken.

Im April 1945 tauchte Herr Franz mit einer roten Armbinde, die ihn als Widerstandskämpfer ausweisen sollte, in Wien auf. Hier residierten nun nicht mehr die Nazis, sondern die Russen, die sich drei

Monate später die Herrschaft mit den Amerikanern, den Engländern und Franzosen teilen sollten. Da die anderen Alliierten noch nicht eingetroffen waren und Herr Franz als ehemaliger Sozialist die sowjetische Kommandantur als für sich zuständig erachtete, meldete er sich dort in seiner Eigenschaft als Widerstandskämpfer.

Legitimiert durch seine diversen Aufenthalte in Gefängnissen und im Konzentrationslager, wurde ihm dieser Status auch sogleich zuerkannt. Das bedeutete, daß man sich flugs nach einer verantwortungsvollen Position für ihn umsah, wo er am Wiederaufbau eines sozialistischen Österreich entsprechend teilhaben und mitwirken könnte. Herr Franz wurde provisorischer Bezirksvorsteher des 8. Wiener Gemeindebezirks, in der Josefstadt.

Da sollte Herr Franz nun kräftig am Wiederaufbau mitwirken. Doch bedingt durch seine gastronomischen Berufserfahrungen in der Ersten Republik wollte Herr Franz lieber teilhaben als mitwirken. Außerdem war der Job mit allerlei Papierkram verbunden und Herr Franz im Umgang mit Ziffern und Zahlen erfahrener als im Umgang mit der Rechtschreibung. Das sah man auf der Kommandantur ein und machte ihn zum Chef der Lebensmittelbeschaffung.

Nun begab sich Herr Franz unter dem Schutz der Roten Armee und mit alten Nazis als Hilfsarbeitskräften auf Exkursionen nach Niederösterreich, um für die notleidende Wiener Bevölkerung Nahrungsmittel zu requirieren. Das war nicht immer leicht, und es gehörte eine Spürnase dazu, auch das zu entdecken, was manche Bauern vorsichtshalber versteckt hatten.

Eines Tages entdeckte Herr Franz mit seinen Nazi-Helfern bei einem Bauern in der Gegend von Hollabrunn ein eingemauertes Faß Wein, und dank handgreiflich-energischer Nachhilfe kam auch noch eine versteckte Kuh zum Vorschein. Herr Franz kassierte Wein und Kuh, der Bauer ein gebrochenes

Bein. Und während Herr Franz diesmal Kuh und Wein versehentlich nicht ablieferte, sondern gewinnbringender auf dem „Schwarzen Markt" im Resselpark verkaufte, beschwerte sich der Bauer bei den Behörden über die rüden Methoden der Lebensmittelbeschaffungsstelle. Beweis: sein gebrochenes Bein.

Das war nun wieder einmal Pech für Herrn Franz. Wegen Verstoß gegen das Lebensmittelbewirtschaftungsgesetz, Betrugsverdacht und Körperverletzung wurde er verhaftet. Allerdings wurde er als ehemaliger Widerstandskämpfer einige Tage später bis zu seinem Prozeß gegen Gelöbnis aus der Haft entlassen.

Herr Franz beschloß, sich nun ausdrücklich zum Judentum zu bekennen und verschwand in Richtung Israel, das damals noch Palästina hieß. Dort lebte er fast 35 Jahre mehr oder weniger glücklich, zufrieden und in Freiheit in einem Kibbuz.

In Wien wurde er währenddessen zur Verhaftung ausgeschrieben und sein Verfahren von dem gegen seine Helfer und Mittäter abgetrennt. Diese wurden bei der folgenden Gerichtsverhandlung sämtlich freigesprochen. Dies alles geschah im Sommer und Herbst des letzten Kriegs- und ersten Friedensjahres 1945.

Es muß etwa Anfang 1981 gewesen sein, als einem Richter des Wiener Landesgerichts der schon recht vergilbte Akt des Herrn Franz auf den Schreibtisch gelegt wurde, zusammen mit der Mitteilung, daß sich kürzlich in einem niederösterreichischen Pensionistenheim ein ehemaliger Kellner und Widerstandskämpfer gleichen Namens eingemietet habe. Normalerweise wäre die Sache ja längst verjährt gewesen, hätte irgendwann irgendwer den damaligen Haftbefehl aufgehoben. Da das nicht geschehen war, begann nun der mit der Causa betraute Herr Rat zu ermitteln.

Er ermittelte, daß der Herr Franz tatsächlich der Herr Franz war, der allerdings bestritt, die in Frage stehende, strafbare Handlung begangen zu haben.

Nachdem er den Akt und den darin enthaltenen Lebenslauf nochmals gelesen hatte, war der Herr Rat ratlos. Die einzige Möglichkeit, den Straftatbestand neuerlich zur Anklage zu bringen, wäre die Aussage von Zeugen gewesen. Solche mußten nun ausgeforscht werden.

Doch das Ergebnis der weiteren Ermittlungen war negativ. Kriegsbedingt kamen als Tatzeugen aus dem Jahr 1945 nur einige, damals bereits alte Leute in Frage. Sie waren schon vor Jahren gestorben. Eine allfällige Zeugenaussage wäre deshalb in die Kompetenz einer ganz anderen Gerichtsbarkeit gefallen.

Nachdem der Herr Rat das festgestellt hatte, schloß er den Akt „Herr Franz“ und stellte das Verfahren ein, weil mit dem Jüngsten Gericht kein Rechtshilfevertrag besteht.

PS: Wenn man bedenkt, wieviel zeitgeschichtlich bedeutungslose Memoiren auf dem Buchmarkt erscheinen, ist es bedauerlich, daß Herr Franz nach 1945 offensichtlich nicht doch noch grundlegende Erfahrungen im Umgang mit der Rechtschreibung gemacht hat.

FREUDLOSES WIEN

Österreich ist das Land, über das man sich zu Tode ärgert und in dem man trotzdem sterben möchte.

Sigmund Freud

Im Herbst 1985 erschienen in Zeitungen und Zeitschriften ganzseitige Anzeigen, in denen für Wien und das (damals noch nicht eröffnete) Wiener Konferenzzentrum „Austria Center“ geworben wurde. Blickfang der Inserate war ein Foto Sigmund Freuds mit der Headline „VIENNA. THE HEART OF EUROPE. Dr. Sigmund Freud.“

Die Assoziation Freud und Wien ist einleuchtend. 78 Jahre seines Lebens verbrachte der Schöpfer der Psychoanalyse in dieser Stadt, bevor er 1938, ein Jahr vor seinem Tod und weltberühmt, durch den Anschluß Österreichs an Hitler-Deutschland gezwungen war, Wien zu verlassen und ins Londoner Exil zu gehen.

1985 fiel es in Österreich niemandem auf, daß hier Wien-Werbung mit einem in aller Welt bekannten Foto betrieben wurde, das die schmachvolle Vertreibung Freuds aus eben diesem Wien dokumentierte. Das Inserat mit dem Porträt Freuds zeigt nur einen Ausschnitt des Original-Fotos. Auf diesem blickt Freud neben seiner Tochter Anna aus dem Fenster eines französischen Eisenbahnwaggons – aufgenommen in Paris 1938, während der Fahrt ins Exil.

Die erstaunliche Ignoranz, die sich im Fehlgriff bei dieser Foto-Auswahl zeigt, erregte nur im Ausland Kopfschütteln und verwunderte Kommentare. In Wien gab es keinerlei Reaktionen.

Der Stolz der Österreicher auf ihre Genies hat sich schon immer in Grenzen gehalten. Der Fall Freud ist allerdings eklatant. Bestand doch dessen geniale Leistung darin, erstmals die Psyche zu analysieren, die Seele – und nicht zuletzt die österreichische Seele zu entblättern. Das war kein Sakrileg mehr, das war eine Ungeheuerlichkeit, vor der selbst Johann Nestroy schon die Waffen gestreckt hatte: „Man kann keinem Menschen ins Herz schau'n; viel weniger in die Seel', denn die steckt noch hinter dem Herzen." Und wer in Wien hinter dem „goldenen Herzen" so etwas wie eine schwarze Seele entdecken möchte, den wird man hierzulande nach der bekannten und bewährten Methode bestrafen: Net amol ignorieren!

Das mußte auch der Entdecker der Neurosen zu Lebzeiten erfahren. Als 1938 der amerikanische Präsident Roosevelt und der italienische Duce bei den Nazis intervenierten, daß man Freud die Ausreise gestatte, war der Doktor Freud in Wien weit weniger bekannt als in aller Welt berühmt. In den USA und England hatte er schon vor Jahren Vorlesungen und Vorträge gehalten, in Frankfurt war ihm der angesehene Goethe-Preis verliehen worden. Doch in Österreich brachte er es nicht einmal zum ordentlichen Professor.

Man duldete ihn in Wien (bis 1938), man ließ ihn gewähren, aber man nahm seine Leistung nicht zur Kenntnis. Daß Wien die Stadt der Psychoanalyse ist, behaupten bis heute nur Ausländer. Als 1900 eines seiner wichtigsten Bücher, Freuds „Traumdeutung", erschien, verkaufte der Verlag ganze 123 Exemplare; erst nach neun Jahren war die bescheidene Auflage von 600 Stück vergriffen. Die wenigen Rezensionen, die damals erschienen, waren mehr oder weniger ablehnend.

Zu jener Zeit galt die Wiener medizinische Schule als führend. Doch auch unter seinen Kollegen ortete Freud eine „feindselige Indifferenz". Diese Indifferenz richtete sich weniger gegen die Person (beispielsweise, daß Freud Jude war), als gegen das, was er mit seinen Entdeckungen zutage förderte. Das waren Dinge – etwa kindliche Sexualität, Ödipuskomplex, Perversionen oder gar der Todestrieb –, über die man nicht sprach. Zumindest ernsthaft konnte man über solche Tabus nicht reden. Bestenfalls tolerierte man darüber Witze, was Freud 1905 zu der Herausgabe des Buches „Der Witz und seine Beziehung zum Unbewußten“ und zu der Bemerkung veranlaßte: „Daß die Ehe nicht die Veranstaltung ist, die Sexualität des Mannes zu befriedigen, getraut man sich nicht laut und öffentlich zu sagen. Die Stärke des Witzes liegt nun darin, daß er es doch – auf allerlei Umwegen – sagt.“

Wenn der Dr. Freud aber nun ständig darüber sprach und schrieb und das ohne alle Umwege, so galt es eben, etwas gegen die Ungehörigkeit zu unternehmen. Die österreichische Methode war (und ist es weitgehend heute noch) eine indifferente Konsequenz: Man lehnte die Psychoanalyse nicht ab, sondern man nahm sie gar nicht erst zur Kenntnis. „Die Stadt Wien“, stellte Freud 1914 fest, „hat aber auch alles dazu getan, um ihren Anteil an der Entstehung der Psychoanalyse zu verleugnen.“

Diese Feststellung galt (vielleicht mit Ausnahme des sezessionistischen Wien) generell und auch für die intellektuellen Kreise, die in der Psychoanalyse nicht viel mehr als nur einen Witz entdeckten und genußvoll das noch heute so gern gebrachte, peinliche Bonmot des Kulturpapstes Karl Kraus zitierten: „Die Psychoanalyse ist die Krankheit, für deren Therapie sie sich hält.“

Die spezifische Wiener Form der Ablehnung ist es, etwas zu ignorieren, zur Seite zu schieben, nicht ernst zu nehmen, wenn man es nicht bekämpfen kann oder will. Das ist die provinzielle Seite dieser Stadt, die bereits Freuds Zeitgenosse Hermann Bahr beklagte: „Österreich ist das Land der unterschlagenen Möglichkeiten. Es ist österreichisch, daß das Große, wenn es einmal geschieht, unter uns nur inkognito geduldet wird.“

Paradoxerweise liegt in dieser Haltung aber auch eine gewisse Stärke, die die Bedeutung Wiens (mit) ausmacht und erklärt: Nach dem Motto „leben und leben lassen" kämpft der Österreicher nur an den „kleinen" Fronten, wo ihm der sichere Sieg eine Befriedigung verschafft wie das Viertel Wein beim Heurigen. Da geht es ihm gut. Größere Niederlagen nimmt er deshalb kampflos wie eine Art Gottes-Urteil auf sich. Die Größe ist seine Sache nicht. Und indem er sie gar nicht erst zur Kenntnis nimmt, fordert er bei denen, die diese Größe haben, alle Kräfte heraus, sich gegen das „Kleinformat" durchzusetzen. Größe paßt nicht ins Bild, sie irritiert und ist überdies nach Ansicht Grillparzers – selbst ein Goethe im österreichischen Kleinformat – gefährlich.

Die Psychoanalyse hat die weiteste Verbreitung in den USA gefunden, nicht zuletzt durch jene Wissenschaftler, die vor Hitler aus Deutschland und Österreich flohen oder fliehen mußten. Heute gibt es zahlreiche Schulen, die sich mehr oder weniger auf Freud berufen, aber auch seine Thesen abänderten oder sie total ablehnen. Bedeutende Analytiker wie Bruno Bettelheim, der ebenfalls aus Österreich emigrieren mußte, beklagen diese Entwicklung, die nicht nur eine Zersplitterung und Verwässerung, sondern auch die Kommerzialisierung der Psychoanalyse und eine Tendenz zu unwissenschaftlicher Oberflächlichkeit gebracht hat. Amerikanische Psychiater behandeln in ein, höchstens zwei Sitzungen pro Woche 80 und mehr Patienten gleichzeitig. Zu Freuds Zeiten waren es nur sechs oder acht, die aber mindestens an sechs Tagen in der Woche behandelt wurden. „Drüben verstehen sie mich falsch", konstatierte schon damals Freud nach seinem triumphalen Amerika-Besuch, „aber hier lehnen sie mich aus tiefster Seele ab."

Für Amerika war damals Wien das Zentrum der Psychoanalyse. Aber in Wahrheit war es nur die Berggasse 19 im 9. Wiener Gemeindebezirk, wo sich Freuds Wohnung und Praxis befand. Denn das akademische Wien nahm die Psychoanalyse ja weitgehend nicht zur Kenntnis. Jeden Mittwoch abend trafen sich seit 1902 in Freuds Wartezimmer Freunde, Kollegen und Schüler. Es war die Geburtsstunde der ersten wissenschaftlichen Gesellschaft in dieser Disziplin, entstand doch aus diesen Mittwoch-Gesellschaften die „Wiener Psychoanalytische Vereinigung". Als sie 1938 gezwungen wurde, sich aufzulösen, hatte sie ganze 102 Mitglieder, die fast ausnahmslos ins Ausland flohen. „Die Psychoanalyse hat es mit Wien immer schwer gehabt, Wien hatte es mit der Psychoanalyse sehr schwer, und beide haben es miteinander immer noch schwer", meint Harald Leupold-Löwenthal, Präsident der Österreichischen Sigmund-Freud-Gesellschaft. Aber in Wien ist die Psychoanalyse entstanden. Trotzdem – und natürlich gerade hier, wo die Neurosen so „blühen" wie nirgends sonst. „Es war nicht schwer, in diesem Land die Neurose zu entdecken", schreibt der Psychiater Erwin Ringel, „weil es hier sozusagen in die Augen sprang und man es auf Dauer nicht übersehen konnte."

Und doch versuchen die Österreicher es noch heute zu übersehen, zu ignorieren, zu verdrängen. Die 33 000 jährlichen Besucher des 1951 von der Freud-Gesellschaft (nicht von der Stadt Wien oder dem österreichischen Wissenschaftsministerium) eröffneten Freud-Museums in der Berggasse 19 sind vor allem Ausländer. Österreich konnte froh sein, als 1938 der Dr. Freud mit seinen Anhängern verschwand und alles, was er entdeckt hatte, von den Nationalsozialisten verboten wurde. Nun konnte man wieder fröhlich seine Neurosen pflegen und mit seinem Unterbewußtsein in der gewohnten, labilen Harmonie leben, als wäre es nie entdeckt worden.

Und das Nazi-Verbot der Freudschen Seelen-Gründelei scheint noch heute Gültigkeit zu haben. Wie wäre sonst jene Werbeagentur zu der Freudschen Fehlleistung gelangt, mit dem Wien-Vertriebenen für Wien zu werben? Und dann gaben sie noch eins drauf, indem sie Freud ein (sicherlich falsches) Zitat unterschoben, als habe er (auf Englisch – wohlgemerkt – vielleicht noch im Londoner Exil?) Wien als das Herz Europas gepriesen.

Zwar wollte Freud sein Leben am liebsten in Wien beschließen und wehrte sich lange zu emigrieren, aber geliebt hat er diese Stadt, in der er so viel Ablehnung erfahren hatte, in keiner Weise – und schon gar nicht von Herzen.

In seinem Buch „Die österreichische Seele“ stellt Erwin Ringel 1984 fest, daß die Stadt Wien 45 Jahre nach Freuds Tod keine Straße, keinen Platz nach ihm benannt habe. Ein Jahr später beeilte sich der Wiener Bürgermeister Zilk, dies nachzuholen. Seit dem 6. Mai 1985 heißt der Park vor der Votivkirche, unweit der Berggasse, offiziell „Sigmund-Freud-Platz“. Da man üblicherweise in einem Park keine Straßenschilder aufstellt, weist auf einem Rasenstück zwischen den Büschen ein Stein mit einer entsprechenden Inschrift auf diese Namensgebung hin. Häuser gibt es in diesem Park natürlich auch nicht. In Wien wohnt niemand am Sigmund-Freud-Platz!

PS: 1986 wurde in Wien erstmals eine größere (wenigstens zum Teil) Freud gewidmete Ausstellung gezeigt: „Geschichte der Psychoanalyse in Deutschland und in Wien“. Sie wurde von Berlin, wo man sie zusammengestellt hatte, „ausgeliehen“. Gleichzeitig zeigte man hier den Freud-Film „1919“ von Hugh Brody. In dem – hauptsächlich im Londoner (!) Freud-Museum gedrehten – Streifen spielen Maria Schell und Paul Scofield zwei ehemalige Freud-Patienten, die sich nach vielen Jahren in einer Wiener (!) Wohnung wiederbegegnen und ihre Erinnerungen an das damalige Wien und ihre Kindheit, an Freud und seine Couch austauschen. In Wien lief der Film nur kurze Zeit und nur in englischer Originalfassung.

DER SIMON VON MARGARETEN

Wer ein Jude ist, entscheide ich.

Karl Lueger

Die Leopoldstadt, jener Teil zwischen Prater, Augarten und Donaukanal, war einmal Wiens dichtbesiedeltster Bezirk. 1923 lebten hier 60 000 Juden, rund 40 Prozent der Bevölkerung, was dem Stadtteil zwischen Donau und Donaukanal ein besonderes Gepräge gab und die Bezeichnung „Mazzesinsel" eintrug. Dementsprechend drastisch sank die Bevölkerungszahl, als 1938 die Verfolgung der Juden auch in Österreich einsetzte und viele von ihnen verschwanden, emigrierten oder untertauchten.

Manche, die nicht emigrierten, taten es, weil sie zu arm waren. Andere dagegen, weil sie reich waren und ihren Besitz nicht im Stich lassen wollten. Doch mit der bald einsetzenden Arisierung jüdischer Häuser, Betriebe und Geschäfte verloren auch sie oft alles, was sie hatten. Daß nicht jeder Jude von seinem arischen Nachfolger gleich auf die Straße geworfen wurde, erfuhren die meisten Wiener erst nach dem Krieg. Vor allem die zahlreichen Naschmarkt-Juden, wie der Fetzen-Heinzi, der Juden-Maxi oder der einst wohlhabende Feiglstock, tauchten 1945 plötzlich wieder auf. Die Standnachbarn, die ihren Laden übernommen hatten und mit denen sie oft über Jahre befreundet gewesen waren, hatten ihnen heimlich zur Flucht verholfen oder sie nicht selten bis zum Kriegsende versteckt.

Zu jenen, die über Nacht alles verloren und untertauchten, gehörte Ludwig Simon, der Simon Wikkerl, der in der Nähe des Praters einen Pferdehandel betrieben hatte. Wie man von einem Pferdehändler landläufig erwartet, hatte der Simon Wickerl gute Beziehungen und Kontakte, bis in die Unterwelt. Der Simon kannte nicht wenige Ganoven und Zuhälter und die von ihnen besuchten Kaffeehäuser und Beiseln zwischen Prater und Meidling, wo sie sich in verschwiegenen Hinterzimmern zum Stoß zusammensetzten.

Zu den Dingen, die – neben dem Bau der Autobahnen – manche Leute noch heute dem „Führer" positiv anrechnen, gehört auch der Glaube, er habe die Kriminalität abgeschafft (nur weil Berichte über kriminelle Straftaten in den Zeitungen weitgehend der Zensur zum Opfer fielen). Stoß, ein noch heute verbotenes, aber nach wie vor beliebtes Glücksspiel, gehörte damals ebenso zu den kriminellen Delikten wie Prostitution. Kontrolliert wurde beides vom Pecha Sepp, dem damaligen König der Wiener Unterwelt. Er stammte aus Ottakring, war mit einer der sieben Töchter der bekannten Hehler-Familie Zenz aus Mariahilf verheiratet und betrieb im I. Bezirk in der Krugerstraße ein Stundenhotel.

Der Simon kannte sich nicht nur in der Wiener Unterwelt gut aus, seine Kontakte zur Polizei, zu Behörden und gewissen Amtsorganen waren vielfältig, und er hatte sie im Laufe der vergangenen Jahre durch kleine Gefälligkeiten gefestigt. Das kam ihm, als er 1938 untertauchen mußte, mal hier und mal dort Quartier nahm, recht gut zustatten. Es war ihm ein Leichtes, die Kieberer von diesem oder jenem Stoßbudl fernzuhalten, was man ihm dort dann gern entsprechend honorierte. Und wollte die Polizei dort doch mal einen Besuch machen, dann gab man dem Simon einen Wink, der ihn dezent weiterleitete.

So konnte sich der Simon schon bald eine neue, gewinnbringende Existenz aufbauen, indem er zwischen Prater und Meidling alle einschlägigen Hinterzimmer kontrollierte. Mit dem Pecha Sepp, dessen Arier-Nachweis vielleicht auch nicht ganz astrein war, hatte er sich diplomatisch geeinigt, denn in so schlimmen Zeiten, wie sie zwischen 1938 und 1945 in Wien herrschten, mußte man einfach zusammenhalten, Ezzes austauschen und Zores vermeiden. Selbst die Kieberer und Krimineser taten mit und drückten beide Augen zu, solange es in den ihnen wohlbekannten Stoßbudln keine Raufhändel oder Messerstechereien gab.

Der Pecha Sepp beschränkte sich von nun an mehr auf das horizontale Gewerbe, wo er unbestritten die Nummer Eins war. Und was den Stoß betraf, blieben ihm immerhin die recht einträglichen Bezirke zwischen Mariahilf und Ottakring. Er verdankte seine Karriere mehr seinem diplomatischen Geschick und einer selbstverständlichen Autorität als ebenso riskanter wie auffälliger Gewaltanwendung und Kraftdemonstration. Noch nach dem Krieg konnte er seine Laufbahn erfolgreich fortsetzen, so daß noch heute in den entsprechenden Kreisen sein Name Respekt und Bewunderung auslöst.

Daß es auch der Simon Wickerl in kürzester Zeit zu beachtlicher Popularität brachte, war sein Glück. Fast vierzig Jahre später erinnern sich in diesem Teil Wiens noch viele alte Leute, obwohl sie damals wie heute nichts mit der Unterwelt zu tun hatten, an den „Simon von Margareten". Man brauchte zwar nicht viel Phantasie, um ihm anzusehen, daß er eigentlich Jude war, aber er hatte gute Beziehungen, war umgänglich und durchaus hilfsbereit, wenn man das Risiko nicht scheute, sich mit ihm einzulassen. So war es für die Leute, die ihn kannten, das Mindeste, daß sie ihn nicht verpfiffen. Mochte die Gestapo ihn suchen oder nicht, was ging es sie an? Selbst überzeugte Antisemiten dachten da in Wien nicht so preußisch, daß sie nicht ihren persönlichen Freunden nachsehen konnten, Jude zu sein.

Aber die Zeiten wurden nicht besser, und für den Simon wurden sie besonders schwierig, als sich mit der Zeit die Gestapo immer mehr in rein polizeiliche Angelegenheiten einmischte. Da durften sich auch die Stoßbrüder, trotz des jüdischen Schutzes, dem sie sich in diesen Jahren der Nazi-Herrschaft anvertraut hatten, nicht mehr so hundertprozentig sicher fühlen. Was ein rechter Wiener war, der war zuerst Wiener und dann Nazi. Doch die von der Gestapo dachten umgekehrt. Da wurden auch Simons Geschäftsgänge immer risikoreicher.

Der Gestapo konnte auf die Dauer der von so vielen Leuten gekannte, illegale Jude nicht unbekannt bleiben. Jedesmal, wenn sie ihm auf der Spur zu sein schien, mußte er für einige Tage verschwinden. Doch um seine Geschäfte nicht ganz zu vernachlässigen, von denen er schließlich leben mußte, tauchte er überraschend immer wieder hier oder da auf. So auch an einem späten Winterabend 1942/43 in einem der von ihm kontrollierten Kaffeehäuser. War es nun Zufall oder hatte ihn doch unbemerkt jemand verfolgt? Jedenfalls stürzten wenige Minuten nach seinem Eintreffen sechs oder sieben Gestapoleute in das Lokal. Noch bevor sie die Tür zum Hinterausgang blockieren konnten, war Simon verschwunden. Aber sie hatten ihn erkannt und folgten ihm. Die wilde Jagd dauerte nicht lange. Am Margaretengürtel wurde er gestellt und brutal niedergeschossen. Kurze Zeit später hielt ein dunkler Pkw mit abgeblendeten Scheinwerfern neben der Leiche, die in wenigen Sekunden von zwei Männern hineingehoben wurde. Dann fuhr das Auto rasch davon.

Über einen „Simon von Margareten" oder von einer nächtlichen Schießerei am Gürtel las man in einer Wiener Zeitung nie.

WIENER MÄDELN 1945

Bei den gefährlichen Auswirkungen des Films hat der Staat die Pflicht, regulierend einzugreifen.

Josef Goebbels 1933

Auch die gute Laune ist kriegswichtig.

Josef Goebbels 1942

Als nach 1933 Hitlers Propaganda-Minister Goebbels die deutsche Film-Wirtschaft „gleichschaltete", tat er es aus dem gleichen Grund, aus dem gegen Ende des Ersten Weltkrieges General Ludendorff die Gründung der UFA in Berlin angeregt hatte: wegen der Produktion von Filmen als Propagandamittel.

Die alte UFA (Universal-Film-AG, ein Zusammenschluß verschiedener Gesellschaften) kam unter staatliche Kontrolle und kaufte nach und nach die übrigen kleineren Gesellschaften auf. Später wurde auch die Filmwirtschaft in den von Deutschland besetzten Gebieten gleichgeschaltet und zentralisiert.

Als erstes war 1938 Österreich dran: Die „Sascha-Film" des legendären Grafen Kolowrat wurde zur halbstaatlichen „Wien-Film" und derart großzügig ausgebaut, daß sie ihre Kapazität verdoppeln konnte. Da die deutsche Filmwirtschaft durch die Gleichschaltung weitgehend den ausländischen Markt verloren hatte, hoffte Goebbels, wenigstens einen Teil davon auf dem Umweg über österreichische Filme wieder zurückzuerobern.

So durfte die Wien-Film trotz der zentralen Zensur aus Berlin vor allem Unterhaltungsfilme des spezifisch österreichischen Genres drehen. Es entstanden paradoxerweise die österreichischsten Filme gerade in jenen Jahren, als es Österreich nicht gab. Das verraten allein schon viele Titel der zwischen 1939 und 1945 in Wien produzierten Filme: Der Strauß-Film „Unsterblicher Walzer“, „Der liebe Augustin“, „Operette“, die Raimund-Biographie „Brüderlein fein“, der Mozart-Film „Wen die Götter lieben“, der Lueger-Film „Wien 1910“, die Operetten-Verfilmung von „Wiener Blut“, „Die goldene Fessel“ nach Nestroys Posse „Der Zerrissene“, „Schrammeln“ oder noch im Jahr 1945 „Wiener Mädeln“ von Willi Forst.

Wenige Monate vor seinem Tod (1927) hatte der allgewaltige Sascha Kolowrat Willi Forst in einer Revue im Wiener Apollo entdeckt und ihm seine erste Hauptrolle in dem Stummfilm „Café Electric“ gegeben.

Zwei Jahre später brachte Forst eine kleine Nebenrolle in dem ersten österreichisch-englischen Tonfilm „Atlantic“ internationale Anerkennung. In dem Film über den Untergang der Titanic spielte Forst einen charmant zwielichtigen Wiener Musiker, der während der Katastrophe das Heurigen-Lied „Es wird ein Wein sein – und wir wer'n nimmer sein . . .“ vor sich hin singt, um plötzlich voll hoffnungsloser Verzweiflung in Tränen auszubrechen. Die kleine Szene machte ihn mit einem Schlage bekannt und war der Start für eine steile Karriere.

1933 gab Willi Forst mit dem Schubert-Film „Leise flehen meine Lieder“ sein erfolgreiches Debüt als Regisseur. Neben Hans Jaray als Franz Schubert spielten Martha Eggerth, Luise Ullrich, Hans Moser, die Wiener Sängerknaben und die Wiener Philharmoniker. Die Kritik war von der musikalischen Leichtigkeit, dem unaufdringlichen Charme der Handlung und der Darstellung begeistert. Die bisher gedrehten Wien-Themen waren zumeist im primitiven Heurigen-Klischee steckengeblieben. Jetzt feierte man Forst als den „Erfinder des Wiener Films“.

Einen noch größeren Erfolg hatte er ein Jahr später mit „Maskerade“, einem frivolen Wiener Gesellschafts-Szenario um die Jahrhundertwende. Die Hauptrollen besetzte er mit der bisher als nicht photogen geltenden jungen Paula Wessely und dem unbekannten Adolf Wohlbrück. Der Film wurde ein Welterfolg. Der Londoner „Daily Telegraph“ schrieb: „Hier wird Filmgeschichte gemacht. Man sah kaum je einen Film, in dem Manuskript, Dialog, Gestaltung und Regie in einer so vollkommenen Weise verschmolzen waren.“

Besonders hervorgehoben wurde in der Kritik Hans Moser, obwohl er, wie bereits in mehr als einem Dutzend früherer Filme, auch hier nur eine kleine Rolle spielte. Mit Willi Forst, der ihn nicht nur für das „kleine Lachen“ engagierte, sondern seinen menschlichen Wiener Humor einzusetzen wußte, begann die eigentliche Filmkarriere des Hans Moser.

Von nun an gehörte Forst zu den bekannten Regisseuren, die den Wiener Filmen künstlerische Geltung und internationale Anerkennung verschafften. Er war ein gefragter Regisseur für die spezifisch österreichische Variante der anspruchsvollen, musikalisch leichten Unterhaltung. Und er schöpfte aus dem Reservoir der vielfältigen Wiener Schauspielerbegabungen, entdeckte Theater-Talente erstmals für den Film.

Zwischen 1933 und 1938 hatte Österreich zunehmend Schwierigkeiten, seine Filme in Deutschland, wo sie ja nicht synchronisiert werden mußten, abzusetzen. Der Erfolg des Wiener Films im übrigen Ausland, zu dem Forst ganz wesentlich beigetragen hatte, war deshalb schon eine wirtschaftliche Notwendigkeit. Nach 1938 suchte Goebbels das ausländische Interesse an österreichischen Filmen für das nationalsozialistische Regime zu nutzen: sowohl wirtschaftlich als auch propagandistisch. Das bedeutete nunmehr für die halbstaatliche Wien-Film einerseits eine relative Unabhängigkeit, andererseits trotzdem eine gewisse Einflußnahme, die in der Regel weniger in propagandistischen Auflagen als in thematischen Einschränkungen bestand, etwa in der Eliminierung des Begriffs „Österreich" bzw. „österreichisch". Denn nach der neuen Sprachregelung war das jetzt der deutsche Gau „Ostmark".

Die Wiener Drehbuchautoren und Regisseure zeigten sich dem Berliner Reichsfilmdramaturgen gegenüber kulant. So war in historischen Filmen eben von „der Monarchie" oder „dem Kaiserreich" die Rede, denn das war schließlich unleugbar Geschichte, die man auch in Berlin nicht wegzensieren konnte.

Auch für Willi Forst war es nicht besonders schwierig, seinem politisch unverfänglichen Milieu treu zu bleiben. Er drehte in diesen Jahren u. a. „Wiener Blut" und „Frauen sind keine Engel", außerdem inszenierte er – Forst selbst in der Hauptrolle – „Bel ami", „Ich bin Sebastian Ott", „Operette" und schließlich „Wiener Mädeln" im Frühjahr 1945.

Diese letzte Produktion der alten Wien-Film war die aufwendigste und vom Thema her in jeder Beziehung ungewöhnlichste. Die Handlung spielte in Amerika, mit dem man sich ja gerade im Krieg befand, aber sie war in keiner Weise antiamerikanisch; sie spielte 1893, aber sie beruhte nicht auf einer wirklich historischen Begebenheit. Daß in dieser Story ein Österreicher – pardon: ein kaiserlicher Hofballmusiker und ein Amerikaner gleichberechtigt gegeneinander in einen friedlichen Wettstreit traten, war eine Notwendigkeit, die der Film allein aus der banalen Phantasie des Drehbuchs bezog.

Eigentlich lag die einzige Qualität des Drehbuches darin, daß es allen Vorstellungen von Nazi- und Kriegspropaganda zuwiderlief. Aber die Wien-Film hatte es in Berlin vorgelegt, und es wurde genehmigt – von Goebbels persönlich.

Goebbels imponierte der monumentale Aufwand der hier geplanten farbenprächtigen Revue mit Hunderten von Statisten in kostbaren historischen Kostümen. Und überdies wurde ja bei dem Wettstreit der berühmte amerikanische Militär-Komponist John Philip Sousa in seinem eigenen Land von dem „deutschen“ Komponisten Carl Michael Ziehrer zuletzt besiegt. War trotzdem die höchst-ministerielle Genehmigung für den Wiener „Amerika-Film“ ein Wunder, so war es die Realisation dieser Produktion noch im März 1945 nicht minder.

In Wien herrschte zu Beginn des letzten Kriegsjahres bittere materielle Not. Nach Winterhilfswerk, Metall- und Spinnstoff-Sammlungen hatte die Partei noch einmal die Bevölkerung zum „Volksopfer 1945“ aufgerufen. Die Wiener brachten die letzten Decken, Mäntel, Kleider, Schuhe, um sie den Soldaten an die gar nicht mehr so ferne Front zu schicken.

Auf dem Heldenplatz und in den übrigen Parkanlagen waren Kartoffeln angepflanzt, um die notwendigste Lebensmittelversorgung der Wiener Bevölkerung decken zu können. Ein Brot kostete auf dem „Schwarzen Markt“ fünf Zigaretten, und für jedes Seidel zahlten die Biernigl zugleich drei Pfennige Kriegssteuer.

Auf den Straßen sah man kaum noch Lastkraftwagen. Wer noch einen besaß, dem fehlte das Benzin, um damit zu fahren. Selbst die Toten wuren mit dem 71er zum Zentralfriedhof gebracht. Lebensmittel wurden seit Jahren rationiert und nur gegen Marken abgegeben. Auch für Kleider gab es Punkte-Karten: Für einen BH brauchte man drei Punkte, für ein Paar Strümpfe fünf und für ein Kleid gleich 35 Punkte. Friseurgeschäfte, Schneidereien und die meisten Theater waren geschlossen. Erlaubt waren nur noch „kriegswichtige“ Arbeiten.

Kriegswichtig war die Wiener Eisrevue, die man noch immer besuchen konnte. Kriegswichtig waren auch die Kinos. Vor dem neuesten Durchhalte- oder harmlosen Unterhaltungs-Film lief die letzte Wochenschau mit den allerletzten „Siegesmeldungen“ von der Front. Kriegswichtig bis zuletzt war auch die Filmproduktion.

Während in diesen Märztagen des Jahres 1945

amerikanische Bomben auf Wien abgeworfen wurden, drehte Willi Forst vor dem Palmenhaus im Schönbrunner Schloßpark die „Wiener Mädeln" in Amerika. Die Schlüsselszene des Films, die da aufgebaut war, spielt 1893 während der Weltausstellung in Chicago. Im Hintergrund die Wolkenkratzer der zweitgrößten Stadt Amerikas, im Vordergrund der Michigan-See. Am Ufer des Sees musizieren abwechselnd zwei Orchester: Eine Blaskapelle der deutschen Luftwaffe, vom Kriegsdienst befreit und in fesche, weiße US-Militäruniformen der Zeit gesteckt, schmettert unter der Stabführung von Fred Liewehr als John Philip Sousa flotte amerikanische Märsche. Ihnen gegenüber wiegt sich Willi Forst als Carl Michael Ziehrer im Walzertakt einer nach Schönbrunn abkommandierten Volkssturm-Einheit, die sich bei näherer Betrachtung als die (echten) Wiener Philharmoniker entpuppt, deren Mitglieder als k.u.k. Hofballmusiker kostümiert sind. Und während über der Walzerkapelle die Fahne mit dem Doppeladler weht, flattert auf der anderen Seite das Sternenbanner.

Mit offenem Mund bleiben die Spaziergänger stehen und können nicht fassen, was sie da sehen und hören. Hieß es nicht heute mittag, daß sowjetische Truppen die Grenze zum Burgenland überschritten haben? Und jetzt sind die Amerikaner bereits in Schönbrunn? Dann klärt ein Fliegeralarm den Irrtum auf. Die Film-Aufnahmen müssen unterbrochen werden, Spaziergänger, Statisten, Stab, Philharmoniker und „Amerikaner" eilen gemeinsam in den nächsten Luftschutzstollen, bevor wieder einmal amerikanische Bomben auf Wien fallen.

„Wiener Mädeln" war als eine der teuersten Produktionen der Wien-Film geplant, und das bedeutete Kosten von wenigstens 20 bis 25 Millionen Reichsmark. Wenn auch die Produktionskosten, bedingt durch die Ereignisse, zuletzt nicht mehr ordnungsgemäß abzurechnen waren, ist es doch überraschend, welche Mittel man noch bis zuletzt bereit war, für die Herstellung eines Filmes auszugeben.

Doch für die Wien-Film ging es weniger ums Geld als um die Schwierigkeiten, die es zu überwinden galt, etwa die Stoffe und das Material für 1 750 Kostüme aufzutreiben oder die Beurlaubung mehrerer hundert Statisten vom Wehrdienst.

Als am 8. April 1945 in Wien-Floridsdorf Am Spitz die Widerstandskämpfer Major Karl Biedermann, Hauptmann Alfred Huth und Oberleutnant Rudolf Raschke aufgehängt werden, als die Rote Armee die Stadtgrenze Wiens erreicht, waren kurz zuvor die Fahne mit dem Doppeladler und das Sternenbanner in Schönbrunn eingeholt worden. Im letzten Augenblick hatte der Krieg doch noch die Dreharbeiten beendet.

Die Aufnahmen zu „Wiener Mädeln" waren fast fertig. Jetzt hatten die Beteiligten andere Sorgen. Je nach politischer Überzeugung war nun die „Befreiung" oder der „Zusammenbruch" zu bewältigen. Nicht befreit, sondern vorerst von den Alliierten besetzt waren die Produktionsstätten der Wien-Film in Sievering, Schönbrunn und am Rosenhügel. Mit Ausnahme der Ateliers am Rosenhügel, die die Russen erst 1955 mit Abschluß des Staatsvertrages zurückgaben, wurde den Österreichern 1946 wieder die Benutzung der übrigen, im britischen und amerikanischen Sektor gelegenen Ateliers gestattet. Und es wurden auch wieder Filme gedreht, die ersten zwei noch 1946.

Das allerdings war jetzt noch schwieriger geworden als zu Goebbels Zeiten, weil das Wichtigste fehlte: nämlich Geld. Damals erzählte man sich folgenden Witz: In einem Kaffeehaus treffen sich vier Filmleute, um ein neues Film-Projekt zu besprechen. Aber wie soll man es finanzieren? Der erste kennt einen Schrotthändler, der eine Million beisteuern würde. Dem zweiten fällt ein Fleischhauer ein, der ebenfalls für eine Million gutstehen kann. Und für eine weitere Million weiß der dritte einen Schwarzhändler. „Schön und gut", sagt der vierte, „aber wer zahlt uns jetzt den Kaffee?"

So dauerte es noch ganze vier Jahre, bis die fast fertigen „Wiener Mädeln“ wirklich ganz fertig waren. Mit dem Copyright-Vermerk 1949 gelten sie allgemein als ein Streifen der österreichischen Nachkriegsfilm-Produktion.

DER „STARHEMBERG-MORD“

Die Persönlichkeit Starhembergs war zeitlebens bei Feind und Freund umstritten.

Heinrich Drimmel

Er hatte einen berühmten namensgleichen Vorfahren: Ernst Rüdiger Graf von Starhemberg, der heldenhafte Verteidiger Wiens während der Türkenbelagerung 1683. Von ihm mögen sich soldatischer Geist und patriotische Gesinnung auf seinen späten Nachfahren Ernst Rüdiger Fürst von Starhemberg (1899 bis 1956) vererbt haben. Doch ausgerechnet seine militärische Aktivität und sein nationales Engagement brachten ihn ins politische Zwielicht.

Starhemberg, der in die Geschichte der Ersten Republik als „Heimwehrfürst“ eingegangen ist, war ein machtbewußter und entscheidungsschwacher Politiker, den in der Politik nur die Demonstration von autoritärer Stärke interessierte. Doch persönlich hat er nie die Chance ergriffen, autoritäre Macht zu demonstrieren, selbst als die politischen Umstände ihm die Möglichkeit boten. Nach dem nationalsozialistischen Putschversuch am 25. Juli 1934 und der Ermordung des österreichischen Bundeskanzlers Dollfuß war er nicht nur Vizekanzler, sondern hätte als Bundesführer der Vaterländischen Front auch die militärische Macht hinter sich gehabt.

Starhembergs politisches Engagement begann bald nach dem Ersten Weltkrieg, als er auf dem Familiensitz Schloß Auhof in Oberösterreich im Sommer 1919 aus Gutsangestellten eine „Privatarmee“ zum Schutz gegen Plünderer und Wilddiebe gründete. Im ersten Nachkriegsjahr waren Diebstähle und Wilderei durch die hungernde Bevölkerung nicht ungewöhnlich. Tatsächlich sah Starhemberg darin aber Umtriebe der Sozialisten und Kommunisten.

Zu der Zeit bildeten sich mit dem gleichen Ziel auch an anderen Orten Frontkämpfervereinigungen, von denen später viele in der Heimwehr aufgingen. Keimzelle der oberösterreichischen Heimwehr war bereits Starhembergs Privatarmee, die nicht zuletzt deshalb Zulauf hatte, weil der Fürst sie aus eigener Tasche bezahlte. Anderen militärischen Organisationen mangelte es dagegen an Geld. Sie fanden zwar genügend vaterländisch und national gesinnte ehemalige Offiziere als Führer, die den Idealismus über den Sold stellten, bei den Geführten war es aber eher umgekehrt.

Die Sozialdemokraten reagierten gegen diese Aufstellung paramilitärischer Einheiten mit der Bildung des Republikanischen Schutzbundes, der offiziell erst 1923 aus verschiedenen lokalen Arbeiterwehren gegründet wurde. Während der Schutzbund von vornherein eine Organisation der Sozialdemokratischen Partei war, betrieben die Heimwehren der verschiedenen Landesorganisationen trotz ihrer Annäherung an die christlich-soziale Partei zeitweise eine Politik auf eigene Faust, insbesondere in Kärnten und der Steiermark.

Doch zu dieser Zeit hielt sich Starhemberg gerade in München auf, um im Gefolge Ludendorffs und Hitlers zur Feldherrnhalle zu marschieren. Als glühender Anhänger Hitlers und des Faschismus kehrte er nach Österreich zurück. Dort verkündete der Wiener Universitätsprofessor Othmar Spann die Ideologie des Faschismus: „Der Volkswille als politischer Wille mußte erst gebildet werden durch die Führer, ehe er sich als Wille äußern konnte, . . . statt daß die Leute den Führern sagen, was sie zu machen haben, sagen die Führer den Leuten, was sie wollen sollen."

Eine feine Sache das – und ganz nach den Vorstellungen des patriarchalisch erzogenen Fürsten.

Aber nicht nur bei Starhemberg mit seinen Hitler-Erfahrungen, bei den meisten Heimwehrführern fiel dieses über-Spann-te, faschistoide Elite-Denken auf fruchtbaren Boden. Die meisten hatten noch als Offiziere der Monarchie im Ersten Weltkrieg gedient und sahen in diesen Vorstellungen die Wiedererrichtung ihres durch die Demokratie erschütterten Weltbildes, vielleicht sogar die Restauration der Monarchie.

Unabhängig von der Christlich-sozialen Partei entwickelte die paramilitärische Organisation der Heimwehr aus ihren anti-sozialistischen Ursprüngen heraus immer deutlicher eine eigene politische Ideologie. Ihren politischen Anspruch formulierte sie schließlich am 18. Mai 1930 auf einer Großkundgebung im niederösterreichischen Korneuburg. Dort schwor der Bundesführer der Heimwehr, der Tiroler Richard Steidle, die Kameraden auf den berüchtigten „Korneuburger Eid" ein: „Wir verwerfen den westlich-demokratischen Parlamentarismus und den Parteienstaat! Wir wollen an seine Stelle die Selbstverwaltung der Stände setzen und eine starke Staatsführung, die nicht aus Parteienvertretern, sondern aus den führenden Personen der großen Stände und aus den fähigsten und den bewährtesten Männern unserer Volksbewegung gebildet wird. Wir kämpfen gegen die Zersetzung unseres Volkes durch den marxistischen Klassenkampf und liberal-kapitalistische Wirtschaftsgestaltung."

Diese Forderung der Heimwehr nach einem faschistischen Staat war eine Absage an die Demokratie und die demokratischen Parteien, einschließlich der christlich-sozialen. Nicht gefordert wurde der Anschluß an Deutschland, der damals in allen Programmen der im Parlament vertretenen Parteien als Forderung enthalten war.

Zu dieser Zeit hatte sich Starhemberg bereits deutlich von Hitler und seiner nationalsozialistischen Bewegung distanziert. Eine Distanz, aus der bald eine entschlossene Gegnerschaft werden sollte. So erwähnt er auch in seinen zwischen 1938 und 1940 geschriebenen Memoiren den „Korneuburger Eid“ mit keinem Wort, sondern streicht ausführlich seine Abkehr vom deutschen Faschismus und seinen Kampf gegen den Nationalsozialismus heraus. Dabei gab es damals in den Reihen der Heimwehr bereits einflußreiche Sympathisanten der Nazis, wie etwa den steirischen Heimwehrführer Walter Pfrimer, der im September 1931 nach einem mißglückten Putsch gegen die Regierung Vaugoin nach Deutschland floh.

Kaum vier Monate nach Korneuburg wurde Starhemberg mit knapper Mehrheit zum Bundesführer der Heimwehr gewählt. Aber der so selbstbewußt auftretende und populäre Heimwehrfürst sollte sich als besonders schwacher Führer erweisen. Die einzige Landesorganisation, die ihm bis zuletzt uneingeschränkt folgte, war seine eigene in Oberösterreich.

Unter einem vom Hitler-Fan zum Nazi-Gegner gewandelten Starhemberg war die Heimwehr endgültig für die christlich-soziale Regierung hoffähig geworden, war diese doch zwischen Links und Rechts in arge Bedrängnis geraten. Bei den November-Wahlen 1930 zog der Heimatblock als Partei-Organisation der Heimwehr mit acht Abgeordneten ins Parlament ein. Mit Heimatblock und Heimwehr unterstützte Starhemberg nun die Regierung, der er kurze Zeit sogar als Innenminister angehörte.

Gleichzeitig knüpfte er enge Beziehungen zum faschistischen Italien, wo Mussolini die Heimwehr mit Geld und Waffen gegen das Versprechen unterstützte, sich nach der „Machtergreifung“ nicht mehr in Südtirol einzumischen. Unter dem von ihm gegen Linke und Nazis unterstützten Dollfuß wurde Starhemberg schließlich Vizekanzler und Bundesführer der Vaterländischen Front.

In Dollfuß fand der Heimwehrfürst endlich den starken Mann, der den faschistischen Ständestaat in Österreich errichtete. Die verhängnisvolle österreichische Außenpolitik des diplomatisch unerfahrenen Dollfuß, die das faschistische Italien den parlamentarischen Demokratien in Frankreich oder England vorzog, war ganz im Sinne der Heimwehr und sollte sich, unter Dollfuß' Nachfolger Schuschnigg fortgesetzt, 1938 fatal auswirken.

Als sich Mussolini 1936 mit dem nationalsozialistischen Deutschland verband, war es für eine neue außenpolitische Linie bereits zu spät. In dem Bestreben, mit Hitler einen Ausgleich zu erreichen, zwang Schuschnigg im Mai 1936 den entschiedenen Nazi-Gegner Starhemberg zum Rücktritt und entmachtete die Heimwehr.

Damit war die politische Karriere des Fürsten nach sechs Jahren beendet. Welchen verhängnisvollen Einfluß der seinem Wesen nach eher unpolitische adelige Gutsherrensohn auf die Geschicke Österreichs ausübte, dürfte ihm selbst wohl nie ganz klar geworden sein. Er war Antimarxist, großdeutscher Nationalsozialist und austrofaschistischer Patriot, und jede Phase dieser politischen Verwandlung vertrat er mit konsequenter Entschiedenheit, ein Wanderer zwischen den politischen Welten.

Als im März 1938 Hitler in Österreich einmarschierte, urlaubte Starhemberg in der Schweiz. Er ging ins Exil nach Frankreich und später nach England, ließ sich von der Force Françaises Libres nach Französisch-Äquatorialafrika schicken und holte sich dort durch eine Malaria-Erkrankung dauernde Leberschäden und Herzkomplikationen. 1942 folgte er seiner Familie nach Südamerika, wo er hauptsächlich das freie Reiterleben und die Jagd genoß. Vier Jahre nach dem Krieg erstattete die Bezirksorganisation der SPÖ Steyr in Oberösterreich beim Landesgericht Wien Anzeige gegen Ernst Rüdiger Starhemberg wegen Hochverrats und löste damit eine heftige politische Diskussion aus. Im Jänner 1952 stellte die SPÖ im Nationalrat einen Gesetzesantrag, die Geltendmachung bestimmter Rückstellungsansprüche für unzulässig zu erklären. Dabei ging es vor allem um die bereits von den Nazis enteigneten Besitzungen der Familie Starhemberg. Die Hochverrats-Anzeige mußte von der Staatsanwaltschaft zurückgelegt werden. Und auch die sogenannte „Lex Starhemberg" wurde nach zweieinhalb Jahren vom Verfassungsgericht aufgehoben.

Diese damals vieldiskutierten Auseinandersetzungen um seine Person und seine politische Vergangenheit konnten den ehemaligen Heimwehrfürsten nicht sehr verlocken, nach Österreich zurückzukehren. 1955 beschloß der seinerzeit so überzeugte österreichische Patriot, sich in Spanien niederzulassen, denn „meine Heimat existiert nicht mehr". Bereits wieder in Europa, ließen ihn sowohl die SPÖ als auch die ÖVP wissen, daß seine Rückkehr nicht erwünscht sei.

Dennoch entschloß er sich wenigstens zu einem Erholungsurlaub in der nicht existenten Heimat. Im Dezember 1955 reiste er heimlich nach Innsbruck und unterzog sich in der dortigen Universitätsklinik einer längeren Behandlung seiner Kreislaufstörungen und seines Herzleidens. Anschließend fuhr er zur Kur ins vorarlbergische Schruns und mietete sich dort unter größter Geheimhaltung in einem Hotel ein.

Aber gerade die geheimen Dinge sprechen sich in Österreich am schnellsten herum. Sogar von Vorarlberg bis nach Wien. Hier erhielt ausgerechnet die kommunistische „Volksstimme" als erste den diskreten Hinweis. Georg A., als Journalist mit einer Vorliebe für abenteuerliche Sozialreportagen ein später Nachfahre Egon Erwin Kischs, machte sich sogleich auf den Weg quer durch Österreich.

Am Vormittag des 15. März 1956 kam er in Schruns an und mietete sich im gleichen Hotel wie Starhemberg ein. In den nächsten zwei Stunden hatte er bereits reichliche Informationen bei den Angestellten und Gästen des Hotels über den Gesundheitszustand, das Aussehen und die Gewohnheiten des heimlich abgestiegenen Fürsten gesammelt. Aber in den gleichen zwei Stunden hatte die Hotelleitung auch die Identität des neuen Gastes aufgedeckt. Und um Diskretion bemüht, komplimentierte man den Schurli A. wieder aus dem Hotel hinaus und begleitete ihn sicherheitshalber gleich bis zum Bahnhof, wo er unter den mißtrauischen Augen des Hotelmanagers den Zug nach Wien bestieg – um ihn auf der Rückseite wieder zu verlassen.

Auf Umwegen schlich sich Schurli zum Hotel zurück und bezog in der Nähe des Haupteingangs Posten. Hatte er doch erfahren, daß der Fürst regelmäßig am Nachmittag einen Spaziergang durch den Ort unternahm. Tatsächlich verließ er bald darauf mit seinem Forstmeister Baron Lederer das Hotel. Schurli folgte ihnen mit gezückter Kamera, überholte sie und stand, als sie gerade an einer kleinen Kapelle im Ort vorbeikamen, plötzlich vor den Spaziergängern. „Klick-klick-klick", drückte Schurli auf den Auslöser, und der Fürst hob vor Schreck und in zorniger Abwehr den Spazierstock.

Um weiteren Komplikationen zu entgehen, trat Schurli unverzüglich den Rückzug an. So bemerkte er nicht mehr, wie der stockschwingende Fürst zusammenbrach, sich herzleidend an das Kapellengitter lehnte und verschied – nun doch in seiner nicht mehr existierenden Heimat gestorben.

Sogleich wurden die Sicherheitsorgane verständigt, die nach dem gewissenlosen kommunistischen Journalisten zu fahnden begannen. Sogar der Bahnhof wurde von der Polizei besetzt, die alle Züge nach Wien genau kontrollierte. In der Zwischenzeit wanderte Schurli zum Bahnhof der nächsten Station, setzte sich in den Zug und fuhr ahnungslos nach Wien. Als Schurli stolz seine Foto-Ausbeute dem Chefredakteur der „Volksstimme" vorlegte, eröffnete ihm dieser, Ernst Rüdiger Starhemberg sei in Schruns einem Herzanfall erlegen. Diese Bilder könne man nun nicht veröffentlichen.

Später brachte ein Graf Arco-Valley an der verhängnisvollen Schrunser Kapelle eine Gedenktafel an, die an den Heimwehrfürsten erinnert. Sein Vater, Anton Graf Arco-Valley, war einen konsequenteren und leidensvolleren Lebensweg gegangen als Starhemberg: Als 22jähriger hatte der junge Oberösterreicher den Ministerpräsidenten der bayerischen Räterepublik, Kurt Eisner, erschossen und dafür fünf Jahre Festungshaft kassiert. 1933 wurde er unter dem Verdacht, ein Attentat auf Hitler geplant zu haben, verhaftet und in Dachau interniert. Er starb 1945.

Georg A. lebt heute in Wien im Ruhestand und schreibt hin und wieder für progressive oder konservative Zeitungen noch kleine Berichte. Von seinen Kollegen erhielt er den (je nach politischer Couleur) Schmäh- oder Ehrentitel der „Starhemberg-Mörder".

ATOM MACHT WIEN

Zwentendorf soll ein Museum für moderne Technik und Umweltschutz werden.

Bruno Kreisky

Ein immergrünes Museum für dumme Politiker und deren Irrtümer.

André Heller

Unter den europäischen Industrienationen in Ost und West bildete Österreich bereits das Schlußlicht, als man daranging, das erste Kernkraftwerk im niederösterreichischen Zwentendorf zu bauen. Nicht daß man den technologischen Anschluß verpaßt hätte, denn zu diesem Zeitpunkt waren (und sind noch heute) schon zwei österreichische Kernreaktoren in Betrieb, einer im Wiener Prater (als Versuchsspielzeug der Universitäten) und ein zweiter im Reaktorzentrum Seibersdorf, das sich allerdings lieber unverdächtig und pauschal Forschungszentrum nennt.

Im Prinzip funktionieren die kleinen Modelle genauso wie die großen Reaktoren eines Kraftwerkes, aber ihre Kapazität reicht eben nur zu Demonstrations- oder Testzwecken. Das Risiko eines sogenannten Störfalles mag zwar qualitativ ähnlich groß (oder gering) sein, ist quantitativ aber natürlich nicht vergleichbar.

Noch bevor das erste Kernkraftwerk in Betrieb genommen werden konnte, formierten sich hierzulande die Kernkraftwerksgegner und machten lautstark

Front gegen den 10 Milliarden teuren Betonklotz an der Donau. Gegen alle nur denkbaren Risiken hatte man sich, so gut es nur ging, abgesichert, aber ein Störfall dieser Art war nicht einkalkuliert. Dabei würde Zwentendorf nicht die Umwelt verschmutzen wie ein kalorisches Kraftwerk oder die Ökologie der Landschaft verändern wie ein Wasserkraftwerk, sondern würde erstmals den Österreichern „sauberen Strom" liefern.

Die Zwentendorf-Gegner, die aus allen politischen Lagern kamen, fürchteten nicht nur ein mögliches radioaktives „Restrisiko", sondern auch, daß sich die Verantwortlichen hier letztlich einer „österreichischen Lösung" hingeben würden: Denn der radioaktive Dreck, der bei dieser sauberen Energiegewinnung anfallen würde, sollte erst einmal innerösterreichisch zwischengelagert werden, weil man noch immer nicht wußte, wo man ihn später – außerösterreichisch – würde endlagern können.

Im Spätsommer 1978 spitzte sich der Streit zwischen Gegnern und Befürwortern immer mehr zu und drohte zum Wahlkampf-Thema Nummer Eins bei den Nationalratswahlen im Frühjahr 1979 zu werden. Für die SPÖ, die sich vehement für Zwentendorf einsetzte, stand damit die Regierungsmehrheit auf dem Spiel. Um das Thema aus den Wahlen herauszuhalten und die SPÖ auch für Zwentendorf-Gegner wieder wählbar zu machen, entschloß sich Bundeskanzler Bruno Kreisky zu einem Volksentscheid über die Frage Kernkraft in Österreich – ja oder nein. Mit diesem taktischen Schachzug brachte er „Volksdemokratie" auf den Punkt: Jeder Österreicher, vom Philosophieprofessor bis zum Hausmeister, durfte nun über etwas entscheiden, worüber die internationalen Fachleute bis heute noch nicht einer Meinung sind.

Diese Entscheidung am 5. November 1978 war ebenso zwiespältig, wie sie eindeutig ausfiel: Mit einer dünnen Mehrheit von 50,47 gegen 49,53 Prozent der Stimmen siegten die Zwentendorf-Gegner.

Auf ihre Seite hatte sich lediglich die FPÖ mit einer Wahlempfehlung gestellt. Keinerlei Empfehlung hatte die ÖVP abgegeben, so daß lediglich die SPÖ die Werbetrommel für die Atomkraft gerührt hatte. Trotzdem beschlossen sechs Wochen später alle Parteien im Nationalrat einstimmig das Atomsperrgesetz.

So hintennach Österreich mit dem Bau eines ersten Kernkraftwerkes gewesen war, so vorneweg war es nun mit seiner Entscheidung gegen Kernkraftwerke. Es war das erste Land der Welt, das sich per Gesetz die friedliche Nutzung der Atomenergie selbst verbot. Die Nationalratssitzung, in der dieses Gesetz so einmütig beschlossen wurde, war die teuerste in der Geschichte der Republik. Sie kostete nicht nur die für den Bau des Kernkraftwerkes bereits ausgegebenen Milliarden, sondern würde auch noch weitere Milliarden für den Abbruch oder Umbau von Zwentendorf kosten. Angesichts dieser Erkenntnis beschloß die Regierung, die Neu-Ruine Zwentendorf vorerst weder abzureißen noch umzubauen, sondern einzumotten. (Wie sich später herausstellte, war das auch nicht gerade billig.)

Es gab aber noch andere Gründe, das nahezu fix und fertige Zwentendorf nicht sogleich abzuwrakken. In Wahrheit war nämlich trotz des einstimmig beschlossenen Atomsperrgesetzes immer noch eine überwiegende Mehrheit der Abgeordneten im Nationalrat für eine Inbetriebnahme des Kernkraftwerkes. Diese Mehrheit gab es bei der SPÖ und – wie sich bald herausstellen sollte – auch bei der ÖVP. Die Diskrepanz zwischen der Überzeugung eines Abgeordneten und seiner politischen Entscheidung ist das Ozonloch der Demokratie – nicht direkt sichtbar, aber seine Folgen erhöhen die Krebsgefahr.

Durch die legalistische Konsequenz aus dem Volksentscheid hatte man also seine demokratische Gesinnung eindrucksvoll unter Beweis gestellt. Daß die Entscheidung über eine friedliche Nicht-Nutzung der Kernenergie erst im nachhinein zum demokratischen Votum gemacht wurde, erinnert allerdings ein wenig an ein Entwicklungsland, durch das die Regierung eine kostspielige Eisenbahnlinie baut. Kaum ist sie fertig, beschließt die Regierung, daß auf der Trasse nur Eselskarren fahren dürfen, um die Eingeborenen nicht mit fauchenden und feuerspeienden Dampfrössern zu erschrecken.

Der durchaus sinnvollen Rücksicht auf die Eingeborenen steht dabei die Tatsache entgegen, daß ausgerechnet dieses kleine Entwicklungsland einen nicht unerheblichen Beitrag zur Konstruktion der „Dampfrösser" geleistet hat.

An den Entdeckungen und Erkenntnissen im Bereich der Atomphysik und an der Erforschung der Kernenergie waren nämlich berühmte österreichische Physiker beteiligt. 1933, 1936 und 1945 hatten drei von ihnen den Nobelpreis erhalten: Erwin Schrödinger erforschte die Grundlagen für die Quanten- und Atom-Theorie, der Strahlenphysiker Viktor Franz Hess schuf die Voraussetzungen für die moderne Strahlen- und Kernforschung, und Wolfgang Pauli entwickelte zusammen mit Werner Heisenberg die Quantenfeldtheorie. Aus Wien stammte auch die Kernphysikerin Lise Meitner, Mitarbeiterin der Nobelpreisträger Otto Hahn und Max Planck, die mit ihrer theoretischen Erklärung der Uranspaltung den Begriff „Kernspaltung" überhaupt prägte und die als erste die dadurch freiwerdende Energie berechnete.

Als 1956 die UNO in New York die Gründung einer Atomenergiebehörde beschloß, wurde Wien zum Tagungsort der ersten Generalkonferenz bestimmt. Diese machte ein Jahr später Wien auch zum Sitz der neuen Internationalen Atomenergie-Organisation (IAEO). Für diese Entscheidung sprachen die durch den Staatsvertrag gewährleistete Neutralität Österreichs und das internationale Ansehen und Gewicht österreichischer Atomphysiker. Daß die UNO die Einladung der österreichischen Regierung annahm, in Wien eine ihrer wichtigen Unterorganisationen zu installieren, hatte erfreuliche Rückwirkungen auf die österreichische Forschung. Innerhalb von zweieinhalb Jahren wurde im niederösterreichischen Seibersdorf ein Reaktorzentrum errichtet, das am 22. September 1960 als Forschungsstelle für die friedliche Nutzung der Atomkraft in Betrieb genommen wurde. Nur eineinhalb Jahre später gab es einen zweiten Atomreaktor im neu errichteten Atominstitut der österreichischen Hochschulen, im Wiener Prater.

Zu diesem Hintergrund an internationalem Prestige paßte die Rolle Österreichs als erster Anti-Kernkraft-Staat, die die Regierung sich 1978 selbst aufgedrängt hatte, wie die Faust aufs Auge. Dabei wuchsen rund um die nunmehr atomfreie „Insel der Seligen" im Norden und Süden, Osten und Westen weiterhin mehr oder weniger grenznahe Kernkraftwerke. Der Verzicht war für das kleine Land nur ein Verzicht auf den Nutzen, aber nicht der Verzicht auf ein Risiko, dem man ohne Einfluß ausgeliefert war. So suchten die Politiker immer wieder nach Möglichkeiten, das Gesetz, mit dem sie sich selbst die Hände gebunden hatten, aufzuheben.

Die verfassungsrechtliche Voraussetzung hierfür war eine neuerliche und diesmal positive Entscheidung des Volkes, die durchzuführen der Nationalrat beschließen müßte. Aber das Volk wollte – wenn schon Kernenergie – dann wenigstens keinen Atommüll. Und an dieser Frage sollte es sich 1985 noch einmal spießen. Damals hatte die Regierung in der Sowjetunion endlich einen willigen Abnehmer für den österreichischen Nuklear-Abfall gefunden. Doch nun stellte sich heraus, daß die Russen die abgebrannten Zwentendorf-Brennstäbe gar nicht bekommen durften. Diese waren nämlich seinerzeit in den USA gekauft und bezahlt worden. Nach amerikanischem Gesetz darf aber nukleares Material amerikanischer Herkunft nur in Länder gehen, die mit den USA ein gültiges Kooperationsabkommen geschlossen haben. Mit der UdSSR war das nicht der Fall. Natürlich könnte man mit Zustimmung der USA versuchen, die eingelagerten Brennstäbe in ein mit den USA kooperierendes westliches Land zu verkaufen. Die neuen Brennstäbe müßte man dann bei den Russen kaufen, um sie ihnen nach Gebrauch zurückzuschicken. Doch gegen russische Brennstäbe gab es qualitative Bedenken einiger Fachleute, vor allem aber wurden nun politische Einwände laut, sich als neutrales Land in Sachen Kernkraft total vom Osten abhängig zu machen.

Unabhängig von allen Bedenken und Einwänden kam es dann aber aus innenpolitischen Gründen gar nicht erst zu einer Abstimmung im Nationalrat. Die SPÖ war noch immer (oder schon wieder?) dafür, die FPÖ noch immer dagegen, aber inzwischen Koalitionspartner der SPÖ in der Regierung, wo sie unter anderen den zuständigen Energieminister, der zugleich Vizekanzler war, stellte. Eine Mehrheit hätte die SPÖ also nur zusammen mit der ÖVP bekommen. Die war zwar dafür, aber entschlossen, dagegen zu stimmen, weil die Regierung nicht geschlossen dafür war. Der SPÖ-Kanzler Fred Sinowatz sah sich in einer verzwickten Lage: Die Unterstützung der ÖVP würde er nur bekommen, wenn auch die FPÖ dafür wäre; wäre sie dies, brauchte er aber gar nicht mehr die ÖVP. Die fragwürdige Abstimmung über einen neuen Volksentscheid wurde vertagt.

Bis Tschernobyl.

Der russische Atomunfall half der verfahrenen österreichischen Kernenergie-Politik endlich aus der Sackgasse. Unversehens kam die Weitsichtigkeit der österreichischen Politiker ans Licht. Jetzt erwies sich das Atomsperrgesetz als vorausschauende Klugheit, Seibersdorf, das über präzise und modernste Strahlenmeßgeräte verfügte, als nützlich und Zwentendorf als endgültige Totgeburt. Für alle Grünen und Alternativen im strahlenden Europa war – das ebenso verstrahlte – Österreich nun ein Strahl der Hoffnung und Vernunft.

Während die Regierung in Wien, dem Sitz der IAEO, den unvermuteten Triumph nur halbherzig plakatierte, zeigte sich das Volk wieder einmal entschiedener. Die Alternativen reisten nach Bayern, um gegen Wackersdorf zu protestieren, die Grünen nach Budapest und Prag, um dort Flugblätter gegen AKWs zu verteilen, und die Künstler entdeckten ihren Hang zur Nekrophilie. Denn da stand immer noch im Tullnerfeld an der Donau ein einsamer Betonklotz, eine teure Leiche, kostbar einbalsamiert und als Mumie in die Jahre gekommen.

Während die Energiewirtschaftler noch ihre Computer befragten, ob sich ein Abwracken und ein Verkauf der beweglichen Teile von Zwentendorf eher rechne als ein Umrüsten auf ein kalorisches Kraftwerk oder sonstwas, während die Politiker noch in stiller Trauer über die entstehenden Kosten – so oder so – nachdachten, entwickelte das kreative Österreich phantastische Vorschläge für die Verwendung der teuren Ruine. Da sollte der Verpackungskünstler Christo Zwentendorf einwickeln. Der Maler Hundertwasser wollte die Kanten abrunden, das AKW mit bunten Kugeln schmücken und mit russischen Zwiebeltürmchen krönen. Sein singender Kollege Arik Brauer entwarf eine bunte Friedensstätte für Pop- und Kultur-Festivals. Und der Poet André Heller machte sich für ein Öko-Museum stark.

Ganz abreißen wollte die Häßlichkeit niemand. Das wäre zugegeben eine der teuren Varianten, die außerdem nichts anderes bringen würde als jenen Naturzustand von Feldern und Wiesen, den das Gelände vor dem Bau aufwies. Eine so radikale Lösung wie diese würde dem österreichischen Wesen widersprechen. Lieber findet man sich ab mit dem, was ist, und versucht das Beste daraus zu machen – zum Beispiel ein Museum, was weit eher diesem Wesen entspricht.

In einem Staat, der sich seit 1851 die „Erforschung und Erhaltung vaterländischer Baudenkmale" angelegen sein läßt, hat selbstverständlich der Museums-Gedanke die größte Aussicht auf Verwirklichung. Dazu würde man nicht einmal einen Volksentscheid brauchen – egal was für ein Museum immer daraus würde, ob Öko-, Technik- oder History-Land. Zahlen muß es in jedem Fall die Regierung – aus den Steuergeldern.

Hauptsache ist, der Betongigant bleibt irgendwie erhalten und wird endlich zum Leben erweckt. „Davon“, so hofft der Bürgermeister des Ortes, „würden wenigstens die Gasthäuser in Zwentendorf profitieren.“

FOLGEN BIS SCHLESWIG-HOLSTEIN

Wie sich der kleine Moritz
die Weltgeschichte vorstellt
– genauso ist sie.

Anton Kuh

Die österreichische Geschichte ist eine logische Folge von Widersprüchen. In solcher Art Geschichtsbetrachtung seit Jahrhunderten geschult, haben viele Österreicher keine Schwierigkeiten, auch den Übergang von der Ersten zur Zweiten Republik als konsequente Weiterentwicklung zu sehen.

1918 schrumpfte die Monarchie zur hundertprozentigen Republik. Diese bestand aus 10 Prozent der einstmaligen Bevölkerung und 90 Prozent der einstmaligen Beamten. In der Hauptstadt lebten 30 Prozent der Bevölkerung und 70 Prozent der Beamten. Daß so ein Staat zwar die Verwaltung, aber nicht das Überleben sichern konnte, war selbst den optimistischen Demokraten klar. Als Ersatz für die verlorengegangenen Länder der Monarchie kam nur der Anschluß an den ehemaligen Verbündeten Deutschland in Frage. Und der kam nicht in Frage, weil das die Sieger verboten hatten.

Man behalf sich so recht und schlecht, so wie es eben ging – und es ging immerhin 20 Jahre – mit der neuen, noch ungewohnten demokratischen Regierungsform. Die Demokratie lief aus wirtschaftlichen Gründen 16 Jahre recht schlecht und vier Jahre nur noch schlecht, weil man das Parlament zugesperrt und die meisten Parteien verboten hatte. Der Anschluß blieb ein Traum?

Als 1938 der Traum doch noch wahr wurde, war es schon ein Alptraum, hatte man sich das doch ursprünglich ganz anders vorgestellt. Zwar war es irgendwie ein Übergang vom hausgemachten Austro- zum konsequenten Hitler-Faschismus, doch sollte sich bald zeigen, daß das neue Blut- und Boden-Regime mehr auf das Ausbluten als auf das Bodenständige aus war.

Ein paar Leute gab es, denen das nicht besonders auffiel. Einige waren sogar begeistert, daß es ein Österreicher war, der Österreich an Deutschland anschloß, was fast so viel bedeutet, als wäre Deutschland an Österreich angeschlossen worden. Wie auch immer – die Sache lief zuletzt wieder auf einen Krieg hinaus, den Deutsche und Österreicher prompt wieder Seite an Seite verloren.

Ohne österreichische Logik wäre das Jahr 1945 eine Katastrophe gewesen, so war es nur ein Zusammenbruch, der sich letztlich als Erlösung entpuppte. Es stellte sich nämlich heraus, daß sich Österreich zwar nicht militärisch, aber sehr diplomatisch gegen den Anschluß gewehrt hatte. So hatte beispielsweise der österreichische Bundespräsident 1938 nicht retiriert, sondern nur demissioniert und damit alles für eine österreichische Lösung offengelassen. Zu dieser Lösung, eine der glücklichsten und erfreulichsten in der Geschichte der Alpenrepublik, sollte es dann auch 1955 kommen.

In diesem Jahr wurde eindeutig erklärt, daß der Anschluß eigentlich keine „Befreiung" (wovon denn auch?), sondern eine Besetzung gewesen war. Die richtige Befreiung kam erst sieben Jahre später durch die Besatzungsmächte, von denen sich Österreich schließlich nach weiteren zehn Jahren auch noch befreien konnte. Zwischen 1945 und 1955, in der Zeit also, als Österreich zwar befreit, aber noch nicht frei war, konnte es diesen oder jenen noch verwirren, wie sich das nun wirklich verhielt mit dem Anschluß und der Besetzung und der Befreiung und der Besatzung. Mit der Unterzeichnung des Staatsvertrages war dann alles klar: „Österreich ist frei!" verkündete Außenminister Leopold Figl vom Balkon des Belvedere.

Rückschauend ereignet sich Weltgeschichte immer ganz logisch, obwohl sie die handelnden Personen vor irritierende Entscheidungen stellt. Viele davon erweisen sich im nachhinein als völlig unwesentlich, ob und wie sie auch immer getroffen wurden. Zwischen dem 11. und 13. März 1938 wurden in Wien zwei Entscheidungen nicht getroffen, die sich später als wesentlich erweisen sollten: Innenminister Seyß-Inquart schickte nicht das von Berlin verlangte Telegramm, mit dem er Hitler um den Einmarsch bitten sollte, und Bundespräsident Miklas unterschrieb nicht das „Anschlußgesetz", sondern trat zurück. Komplizierter war es schon mit der Entscheidung, ob das Bundesheer den einmarschierenden Hitler-Truppen bewaffneten Widerstand entgegensetzen sollte. Auch diese Entscheidung wurde nicht getroffen, wenn man von dem Befehl ans Militär absieht, „die Entscheidung der nächsten Stunde abzuwarten". So kam es zu dem irrtümlichen und selbst für Hitler, der ein Blutvergießen gefürchtet hatte, überraschenden Triumphzug von Braunau bis zum Wiener Heldenplatz, vorbei an Tausenden von jubelnden und Fähnchen schwenkenden Menschen. Immerhin hatte Hitler nur vier Jahre zuvor mit den Österreichern eine ganz andere Erfahrung gemacht. Als im Juli 1934 die Nazis mit Gewalt die Macht an sich reißen wollten, wurde ihr Putsch mit Entschiedenheit und militärischer Gegenwehr niedergeschlagen.

Allerdings hatten viele, die im Juli dem deutschen Faschismus Widerstand leisteten, im Februar auch den drohenden Austrofaschismus mit der Waffe in der Hand bekämpft. 1938 konnten sie sich gegen den Einmarsch Hitlers nicht mehr wehren, denn sofern ihnen nicht die Flucht ins Ausland gelungen war, saßen sie jetzt im Gefängnis. Natürlich gab es auch beim triumphalen Einmarsch – so klärte im August 1987 der Kolumnist „Staberl" die Nachgeborenen auf – „jene anderen Österreicher, die in namenloser Verzweiflung in ihren Wohnungen gesessen sind und den Untergang ihres Heimatlandes beklagt haben". Nur vergißt er zu erwähnen, daß zu „jenen Österreichern", die da klagend in ihren Wohnungen saßen, die entschiedenen Gegner des Faschismus nicht mehr gehören konnten.

Nach der Befreiung kehrten sie gemeinsam wieder zurück, die Flüchtlinge von 1934 und jene von 1938, die sich im Exil oder im Konzentrationslager nähergekommen waren. Gemeinsam versuchten sie, das Land von seinen Befreiern zu befreien. Nun zeigte sich, wie bedeutsam eine nicht geleistete Unterschrift sein konnte. Das nicht abgesandte Telegramm machte Seyß-Inquart allerdings nicht zum Widerständler – wegen seiner zweifelhaften „Verdienste" als Reichskommissar für die besetzten Niederlande wurde er 1946 in Nürnberg hingerichtet.

Bereits 1943 hatten die Alliierten in der Moskauer Deklaration Österreich seine Rolle als erstes Opfer der Hitlerschen Okkupationspolitik bestätigt. Nebenbei hieß es dort: „Jedoch wird Österreich darauf aufmerksam gemacht, daß es für die Beteiligung am Kriege auf Seiten Hitler-Deutschlands Verantwortung trägt, der es nicht entgehen kann, und daß bei der endgültigen Regelung unvermeidlich sein eigener Beitrag zu seiner Befreiung berücksichtigt werden wird."

Dieser Beitrag reichte vom zivilen und militärischen Widerstand im Lande selbst bis hin zur Aufstellung eines „österreichischen Bataillons" in den USA, die dort der Kaiser-Sohn Otto von Habsburg anregte. In nationaler Bescheidenheit wurden die Leistungen des Widerstandes später nicht mehr so an die große Glocke gehängt. Es wäre auch unfair gewesen, die Widerständler ständig ins Scheinwerferlicht zu rücken, während die halbe Million eingeschriebener NSDAP-Mitglieder im dunklen bleiben mußte. Österreich ist kein Land der Konfrontation. Man setzt lieber auf Ausgleich.

Konfrontation und Ausgleich – das beeinflußte auch die Verhandlungen mit den Alliierten um den Staatsvertrag. Inzwischen waren nämlich die Alliierten gar nicht mehr so alliiert. Der Kalte Krieg war ausgebrochen und drohte die Welt in zwei Hälften zu teilen oder genauer: in zwei Einflußbereiche. Deutschland war schon geteilt und hatte sogar zwei Regierungen. Auch in Österreich zeichneten sich solche Teilungstendenzen ab, waren allerdings eher wirtschaftlicher Natur.

Die westlichen Bundesländer unter den drei West-Alliierten erlebten, nicht zuletzt dank des wieder erblühenden Fremdenverkehrs, einen wirtschaftlichen Aufschwung. Nach Niederösterreich und ins Burgenland – in der sowjetischen Besatzungszone gelegen – kamen nahezu keine Touristen. An der Grenze zwischen beiden Teilen kontrollierten die Sowjets alle Reisenden, als würden sie aus dem Ausland kommen oder ins Ausland fahren. Und nach Wien fuhr nur, wer unbedingt mußte, obwohl hier die „Vier im Jeep“ gemeinsam herrschten.

Eine Entscheidung für die Regierung in Wien war schwierig. Politisch und wirtschaftlich tendierte man nach dem Westen, gefühlsmäßig war man aber dem Osten durch eine jahrhundertelange Tradition mindestens ebenso verbunden. Da sich das kleine, besetzte Österreich aber gar nicht entscheiden konnte, wählte man eine dritte Lösung, nämlich die, sich nicht für einen der sich bildenden Machtblöcke zu entscheiden.

Die Idee der Neutralität war zwar nicht ganz neu, aber nun formulierte sie der damalige Staatssekretär im Außenministerium, Bruno Kreisky, so, daß sie als Österreichs Beitrag für den zu schließenden Staatsvertrag gelten konnte, quasi anstatt der – vor allem von den Russen geforderten – Reparationszahlungen, die das arme Österreich ohnehin nicht hätte zusammenkratzen können. Für die Amerikaner und ihre westlichen Verbündeten war das Angebot zwiespältig. Sie hatten auf Reparationen verzichtet und den Österreichern statt dessen mit dem Marshallplan geholfen. Nun wollten die sich durch die Verpflichtung bedanken, sich nicht den Russen auszuliefern – aber auch nicht dem Westen. Als neutrales Land würden sie aber den NATO-Soldaten den einzigen Alpenübergang zwischen Nord und Süd verwehren. Die Amerikaner entschieden erst einmal nichts und warteten ab, was die Sowjets sagen würden. Die waren natürlich auch nicht froh, daß Österreich ihnen nicht in die Arme fallen wollte, das ihnen doch schon zum Teil in die Hände gefallen war. Aber ihre Position – beziehungsweise die der kommunistischen Partei Österreichs – war nicht sehr stark, weil sie den Marshallplan und den damit verbundenen Aufschwung nicht hatten verhindern können. Immerhin würde die Neutralität einen Anschluß an den Westen verbieten. Sogar das Problem der Reparationen wurde gelöst: Da die Sowjets nicht gut als einzige Kriegsentschädigungen verlangen konnten, sollten die Österreicher ihre eigene Industrie und ihre Ölvorräte verkaufen, aber an die Russen zahlen.

Es ist zwar bitter, wenn man ohne Geld etwas kaufen soll, was einem eigentlich gehört, andererseits hätte die Zahlung von Reparationskosten optisch den Eindruck erweckt, als hätte Österreich den Krieg verloren und der Staatsvertrag wäre eigentlich ein Friedensvertrag. Der entscheidende Anstoß, daß es mitten in der heißesten Phase des Kalten Krieges zum Staatsvertrag kam, war aber die österreichische Entscheidung, sich nicht zwischen Ost und West zu entscheiden, sondern sich zur „immerwährenden Neutralität" zu verpflichten.

Was die Wiener Regierung in zähen und geschickten Verhandlungen erreicht hatte, war ungewöhnlich und erstaunte vor allem die zweigeteilten Deutschen. 1945 hatten sie sich mit einer von allen vier Mächten besetzten Hauptstadt inmitten der Sowjetzone in einer ganz ähnlichen Lage wie Österreich befunden. Aber die entscheidungsfreudigen Deutschen hatten inzwischen durch die Gründung zweier Staaten und zweier Hauptstädte ihr Land zu einem der wesentlichen Frontabschnitte des Kalten Krieges gemacht. Jetzt zeigten ihnen die geduldigeren Österreicher, wie man auch anders und viel günstiger aus dem Schlamassel eines verlorenen Krieges aussteigen konnte.

Als der Norddeutsche Rundfunk im Mai 1955 berichtete, daß man in Wien einen Staatsvertrag abgeschlossen hätte, durch den Österreich nun ein freier, souveräner Staat ohne Besatzungstruppen sei, fiel in Schleswig einem Herrn Schippels vor Erstaunen die Meerschaumpfeife aus dem Mund und zerbrach. Bundeskanzler Julius Raab, der in Moskau bei dem Handel um die eigene Industrie mit Anastas Mikojan, übrigens einem Armenier, ein paar Millionen Dollar eingespart hatte, kaufte in Wien eine Meerschaumpfeife und schickte sie mit einem Brief an Herrn Schippels: „Da der für Österreich so freudige Anlaß Ihnen nicht zum Schaden gereichen soll, will ich Ihnen einen Ersatz für die am Boden zerstörte Pfeife übermitteln."

So wie sich Herr Schippels in Deutschland die Weltgeschichte vorstellt – so findet sie in Österreich nie statt.

DER DOPPLER IM NIEMANDSLAND

Wirklichkeit is' immer das schönste Zeugnis für die Möglichkeit.

Johann Nestroy

Die historische Tradition hat Österreich manche Merkwürdigkeit beschert. Eine davon ist das Burgenland. Als 1867 beim österreichisch-ungarischen Ausgleich den Ungarn innerhalb der Monarchie eine weitgehende Autonomie zugestanden wurde, zählte man zur ungarischen Reichshälfte neben Ungarn auch Siebenbürgen, Kroatien und Slawonien. Dazu gehörte auch das weit überwiegend deutschsprachige Burgenland, das jedoch ursprünglich einmal von Kroaten besiedelt worden war. Übrigens nannte man schon damals in Wien die deutschsprachigen Westungarn spöttisch „Heanzer" (von hänseln), woraus sich nicht nur die Entstehung der Burgenländer-Witze erklärt, sondern auch die Tatsache, daß sich die Burgenländer, selbst als deutschsprachige Minderheit, traditionell etwas als Ungarn betrachteten.

Daß 1921 das Burgenland endlich doch österreichisch wurde, verdankte die Restrepublik den ursprünglich slawischen Kronländern, die nach dem Ersten Weltkrieg die Kleine Entente bildeten. Als Rache dafür, daß man ihnen 1867 keine nationale Autonomie eingeräumt hatte, bestanden sie darauf, das deutschsprachige Westungarn der Republik Deutsch-Österreich anzugliedern und damit zu einem dauernden Zankapfel zwischen Österreich und Ungarn zu machen. Tatsächlich stießen die

Österreicher dann bei der Landnahme auf heftigen Widerstand durch ungarische Freischärler, was die Österreicher sechs Tote, eine verlorene Kampfabstimmung im Raum Ödenburg – das schließlich bei Ungarn blieb – und viel diplomatisches Geschick kostete.

Doch auf Dauer ging die Rache-Saat der slawischen Ex-Kronländer nicht auf, ja sie sollte sich 35 Jahre später in ihr Gegenteil verkehren, als 1956 nach dem gescheiterten Ungarn-Aufstand die Österreicher Hunderttausenden von Flüchtlingen die Grenzen weit öffneten. Heute scheint die nostalgische Verbundenheit einer gemeinsamen monarchistischen Tradition oft stärker zu sein als ideologische Gegensätze und der Eiserne Vorhang. Eine Verbundenheit, die durch die Trennung in die beiden autonomen k. u. k. Reichshälften erst richtig gefestigt wurde.

Inzwischen hat die Liberalisierung im kommunistischen Ungarn einen regen Besucher-Austausch gefördert, der trotz Stacheldraht und Wachttürmen in beiden Richtungen floriert. Die Österreicher, die für den Grenzübertritt kein Visum benötigen, fahren gern am Samstag nach Ödenburg, um für willkommene Devisen bei den Comecon-Genossen billig einzukaufen, zum Friseur oder zum Zahnarzt zu gehen. Die Ungarn fahren gern nach Österreich, um sich einladen zu lassen, weil sie hier für ihre Forint nichts kriegen.

Trotzdem zieht sich durch die historische Verbundenheit der ehemaligen Westungarn zu ihrem fremdsprachigen Vaterland und mitten durch die pannonische Ebene der Eiserne Vorhang. Muttersprache hin, Vaterland her – Grenzverletzungen sind auch hier, schon aus ideologischen Gründen, besonders heikel. So einigten sich vor Jahren die beiden Ex-Kronländer darauf, eine gemischte Grenzkommission zu bilden, die allfällige Grenzverletzungen zu untersuchen und zu bereinigen hat. Es spricht für die Art und Zahl der Grenzzwischenfälle, daß die Arbeit der

Kommission seit Jahren weitgehend unbemerkt geblieben ist.

Selbst kapitalistische Provokationen, die tausend Kilometer weiter nördlich möglicherweise zu höchst sensiblen Verstimmungen zwischen den beiden deutschen Brüderländern führen würden, werden hier quasi als Vorfälle illegaler Gastfreundschaft gewertet.

Zu einem Zwischenfall dieser Art kam es im Jahre 1984 in dem grenznahen burgenländischen Ort Lutzmannsburg. Da luden eines Abends ein paar heiter gestimmte, junge Lutzmannsburger zwei ungarische Grenzsoldaten herzlich über das Niemandsland ein, mit ihnen gemeinsam die Annehmlichkeiten des Nachtlebens im Bezirk Oberpullendorf zu genießen. Nach einer ausgedehnten Verbrüderungsorgie wurden die beiden Uniformierten von den Lutzmannsburgern wieder in ihr Heimatland überstellt, wo allerdings deren feuchte Fröhlichkeit nicht unbemerkt geblieben war. Die Verführung der Genossen Grenzsoldaten zur Dienstverletzung und zum dekadent-kapitalistischen Lebenswandel wurde von der gemischten Grenzkommission eingehend geprüft und mit der Feststellung, daß dies eine „ungarische Grenzverletzung" war, bereinigt.

Einer besonderen Art von österreichischer Grenzverletzung machten sich die Lutzmannsburger bei der Weinlese 1985 schuldig. Der Vorfall ereignete sich, als man in einem Weingarten direkt neben dem Niemandsland die Lese unterbrach, um sich mit einer kräftigen Jause zu stärken. Mit immer trockener werdenden Zunge beobachteten die Soldaten eines nahegelegenen ungarischen Wachtturmes, wie die Burgenländer zu Schweinsbraten und Schmalzbroten mehrere Doppelliter Wein kreisen ließen. Nach Blickkontakt kam es schließlich zu vielsagenden Gesten und deutsch-ungarischen Scherzen, bis plötzlich einer der Weinleser einen Doppler ergriff und ihn mit wohlgezieltem Schwung durch den Eisernen Vorhang auf ungarisches Gebiet warf.

Die Wirkung des alkoholreichen burgenländischen Heurigen ist bekannt. Kein Wunder, daß die Sache ungarischerseits ruchbar und damit zum Fall für die Grenzkommission wurde. Dort wurde sie dann in bewährter Art stillschweigend bereinigt. Ob den österreichischen Behörden später die leere Flasche überstellt wurde oder das Flaschenpfand in Devisen, ist nicht bekannt.

DIE AUSBREITUNG DES PRATERS ÜBER GANZ WIEN

Jeder Stadtbewohner weiß, daß die Architektur, im Gegensatz zur Poesie, eine terroristische Kunst ist.

Hans Magnus Enzensberger

Jede Stadt hat das Wahrzeichen, das sie verdient. In London ist es etwa Big Ben, in Paris der Eiffelturm, Berlin hat das Brandenburger Tor, und in Wien dreht sich das Riesenrad. Eine gewisse Symbolik läßt sich da nicht verkennen.

Natürlich gibt es in der Donau-Metropole auch andere markante Architektur-Denkmäler – vom Stephansdom über die Schönbrunner Gloriette bis zu prominenten Ringstraßen-Gebäuden wie Votiv-Kirche, Burgtheater, Rathaus oder Parlament. Aber sie alle können es als populäres Identifikations-Symbol mit dem senkrecht kreisenden Ringelspiel aus dem Wurstel-Prater nicht aufnehmen.

Dabei hat diese Stadt seit Otto Wagner, Adolf Loos, Josef Hoffmann oder Joseph Maria Olbrich einiges an architektonischer Originalität zu bieten. Vor allem ausländische Besucher pilgern zu den beispielhaften Wahrzeichen des Aufbruchs in die Moderne, die um die Jahrhundertwende Wien neben Paris kulturhistorisch zur wichtigsten europäischen Metropole machten. Zum Pflichtprogramm gehören Wagners Postsparkasse und die Jugendstil-Kirche „Am Steinhof", Hoffmanns Sanatorium in Purkersdorf, Loos' legendäres Geschäftshaus am Michaelerplatz gegenüber der Hofburg und Olbrichs bizarrer Kunst-Tempel zwischen Karlsplatz und Naschmarkt als namensgebendes Symbol der Secessionisten.

Daß sie – vielleicht mit Ausnahme des vielbeschäftigten Otto Wagner – zu ihrer Zeit in Wien wenig Anerkennung gefunden haben, versteht sich in dieser Stadt fast von selbst. Als Adolf Loos getreu seinem Manifest „Ornament und Verbrechen“ mit der Fassade am Michaelerplatz demonstrierte, wie wirkungsvoll man den bislang gewohnten ornamentalen Historismus durch bewußt gewählte Materialien und akzentuierende Proportionen ersetzen kann, löste die „nackte“ Fassade mit den „wimpernlosen Fenstern“ einen Aufschrei der Empörung aus und erregte sogar allerhöchsten kaiserlichen Zorn. Mehr Spott als Ärger fand dagegen bei den an Skurriles ja gewöhnten Wienern Olbrichs – mit einem „goldenen Krauthappel“ – gekrönte Secession.

Vielleicht weil die Bedeutung dieses Baudenkmals im Vergleich zu den wichtigsten Wagner-, Loos- und Hoffmann-Werken mehr in seiner Originalität und seiner zeitgeschichtlichen Symbolik als im Architekturhistorischen liegt, bewahrte schließlich 88 Jahre später eine glanzvolle Renovierung die Secession vor einem Verfall, dem Hoffmanns sträflich vernachlässigtes und seit einem Dutzend Jahren leerstehendes Hauptwerk im entlegenen Purkersdorf offenbar endgültig preisgegeben ist.

Einzig Otto Wagner bildet hier die Ausnahme, dessen Bedeutung man „bereits“ 25 Jahre nach dem Zweiten Weltkrieg wiederentdeckte. Inzwischen kann er gut als Alibi gegen den Vorwurf herhalten, Wien fände kein Verhältnis zur progressiven Architektur seiner eigenen Geschichte.

Otto Wagner (1841 bis 1918) verkörperte den Übergang von der historisierenden Ringstraßen-Architektur zur Moderne und wurde unbestritten einer der bedeutendsten Architekten seiner Zeit. Er war – und ist – der einzige seit dem Bau der Ringstraße, der auch städtebauliche Konzeptionen in Wien verwirklichen konnte, etwa durch den Bau der Wiener Stadtbahn. Gescheitert ist er allerdings mit seinen Plänen für eine Gestaltung des Karlsplatzes, der dann in den siebziger Jahren endgültig den modernen Verkehrsplanern zum Opfer fiel.

Daß selbst dem erfolgreichen Genie in dieser Stadt die letzte Anerkennung versagt wird, bezeugen die Worte, mit denen 1907 der später in Sarajewo ermordete Thronfolger Franz Ferdinand seine Rede zur Eröffnung der Kirche „Am Steinhof" beschloß: „Der Maria-Theresien-Stil ist doch der schönste!"

Der Aufbruch der Moderne war aus dem Protest gegen den restaurativen Niedergang einer monarchistisch geprägten Kultur entstanden. Diese hatte sich vor ihrem Untergang in der Ringstraße noch ein städtebaulich wie architektonisch monumentales Denkmal gesetzt. Nach 1918 boten sich auch für die Kunst und Architektur neue, liberalere Möglichkeiten der Verwirklichung! Doch was geschah, hatte vorwiegend politische Gründe.

1919 wurde Wien die erste Großstadt der Welt, die von Sozialisten (westlicher Prägung) regiert wurde. Doch dieses Wien, in dem zwei Drittel der Bevölkerung des österreichischen Staates lebten, geriet rasch in Opposition zur konservativen Bundesregierung. In nur wenig mehr als einem Jahrzehnt versuchte das „Rote Wien" das nachzuholen, was Monarchie und Großbürgertum der beängstigend gewachsenen und industrialisierten Großstadt schuldig geblieben waren, vor allem Arbeiter- und Gemeindewohnungen, um der bedrohlichen Wohnraumnot entgegenzuwirken.

Für den Bau von allein 65 000 Gemeindewohnungen führte die Stadt eine eigene Steuer ein, um ein ehrgeiziges Modell kommunalen fortschrittlichen Wohnungsbaus auf die Beine zu stellen. Nicht ohne Schwierigkeiten und Kritik. Als zwischen 1927 und 1930 der Karl-Marx-Hof in Heiligenstadt errichtet wurde, prophezeite die überwiegend bürgerlich orientierte Presse dessen baldigen Einsturz wegen massiver Baumängel. Doch die aus etwa 1 500 Wohnungen bestehende grandiose Kleinbürgerfestung überlebte 1934 die Kanonen der Regierungstruppen und wurde, wie zuvor die Ringstraße, zu einem monumentalen Denkmal – diesmal des „Roten Wien“.

Diese aus Not und Trotz geborene Sozial-Architektur blieb einmalig.

Nach dem Ende des Faschismus und des Zweiten Weltkrieges stand die nun wieder „rote“ Stadtregierung vor ähnlichen Problemen wie 1918.

Doch diesmal begann der Wiederaufbau Wiens im Prater.

Dort war wenige Tage vor Kriegsende durch russische Bomben das Riesenrad abgebrannt. 1897 war es als Attraktion für das im nächsten Jahr anstehende 50. Regierungsjubiläum Seiner Majestät Kaiser Franz Joseph I. in Betrieb genommen worden; gebaut von den Engländern Walter B. Basset und Harry Hitchins, initiiert von dem jüdischen Prater-Unternehmer Gabor Steiner. Dessen Vater Maximilian hatte als Direktor des Theaters an der Wien ein anderes Wien-Symbol initiiert und an seinem Theater realisiert – Johann Strauß' „Fledermaus“.

Gabor Steiner, ursprünglich Theaterdirektor wie sein Vater, zuerst in Danzers Orpheum, später im Ronacher, hatte den Wiener Prater-Besuchern schon eine andere, heute legendäre Sensation beschert: „Venedig in Wien“, mit Palazzi und Palmen, Kanälen und Gondeln, erbaut vom Otto-Wagner-Schüler und Jugendstilarchitekten Oskar Marmorek. Den Bau des Riesenrades konnte Steiner seinerzeit nur mit Protektion und möglicherweise Bestechung gegen den Widerstand der Behörden durchsetzen, ohne zu ahnen, daß er damit der Stadt Wien ihr Wahrzeichen – wie sich später herausstellen sollte auch im materiellen Sinne – schenkte. Mit 81 Jahren flohen er und sein Sohn Eduard, seit 1919 Eigentümer und Betreiber des Riesenrades, 1938 nach Prag. Die im Zuge der „Arisierung“ des Unternehmens fällige Entschädigung, von 200 000 Reichsmark auf 48 800 Reichsmark (abzüglich „öffentlicher Abgaben, Steuern und Verwaltungsgebühren“ für rund zwei Jahre) gedrückt, wurde von den Nachfolgern nie überwiesen. Sie hat sich durch die Ermordung der Familie Steiner 1944 in Auschwitz erledigt.

Im Juni 1947, rechtzeitig zum 50jährigen Jubiläum des Riesenrades, konnte das mit Finanzhilfe der Stadt Wien wieder aufgebaute Wahrzeichen erneut in Betrieb genommen werden. Zwei Monate später legte Bürgermeister Körner den Grundstein für die erste große Gemeindewohnanlage, die nach dem Zweiten Weltkrieg gebaut wurde, die Per-Albin-Hansson-Siedlung, nicht weit entfernt vom „Böhmischen Prater" am Laaer Berg.

Die kommunale Bautätigkeit des „rosaroten" Wien nach 1945 unterscheidet sich wesentlich von der des „Roten Wien", die ihre Antriebskraft und Gestaltung aus den ideologischen Zielvorstellungen des Austromarxismus bezog. Immer mehr wurden soziale und kommunikative Vorstellungen den Bedürfnissen der modernen Industriegesellschaft, wie das jetzt hieß, untergeordnet. Die Wiener Gemeindebauten der sechziger und siebziger Jahre dokumentieren deutlich die Angleichung der österreichischen Sozialdemokratie an „kapitalistische" Wertvorstellungen.

Die Gemeindebau-Höfe eines humanistischen Sozialismus vor 1934 waren großzügige Anlagen mit repräsentativen Innenhöfen, monumental gegliedert, mit wenigen, symbolisch expressiven Schmuckelementen, offene Kommuneburgen mit weiträumigen Einfahrten. Trotzdem ist die architektonische Individualität dieser, eine Macht demonstrierenden Feudal-Kommunen (Marxhof, Reumannhof, Holyhof) augenfällig: Mit dem Bau von rund 380 Kommunalwohnprojekten wurden 190 Privatarchitekten betraut.

Die Zeiten sind vorbei. Für die Planung des erschreckenden Einerlei vieler Nachkriegs-Gemeindewohnbauten zeichnen oft genug Magistratsabteilungen selbst verantwortlich. Auch der Übergang zur Fertigteilbauweise macht die Industrialisierung des Kommunalbaus deutlich. Um die Auftragslage einer von der Stadt 1960 gegründeten Fertigteilfabrikation nicht absinken zu lassen, mußte man daran auch festhalten, als die Errichtung von Wohnhäusern aus Fertigteilen längst keine Kostenersparnis mehr bringen konnte.

Einen Unterschied zum „Roten Wien“ gibt es auch in der Finanzierung der Gemeindewohnungen. Als neue Unternehmersteuer hatte der bei den Bürgerlichen verhaßte Finanzstadtrat Hugo Breitner eine Wohnbausteuer als Instrument einer sozialistischen Umverteilungspolitik erfunden, mit der die ehrgeizigen Bauvorhaben der Gemeinde finanziert werden konnten. Mit der geringen Miete mußten nur die Betriebs- und Reparaturkosten abgedeckt werden.

Heute muß die Stadt mit den Mieteinnahmen weitgehend auch die Baukosten und Bankkredite abdecken. Da andererseits aber das Anrecht auf eine Gemeindewohnung auch von einem begrenzten Einkommen abhängig ist, muß die Stadt ihre eigenen Mieteinnahmen in Form von Mietzuschüssen selbst subventionieren. Zweifellos eine andere Variante sozialistischer Umverteilungspolitik.

Anders als in den zwanziger Jahren, als die Kommunalbauten musterhafte Vorgaben einer sinnvollen Stadtgestaltung waren, glich sich die Gemeinde nach dem Krieg dem rein kommerziell ausgerichteten Unternehmertum an, das die Stadt mit gesichtslosen Zweckbauten überzog. Das Dilemma, das vergleichsweise geringer war als in einigen, durch den Krieg stärker zerstörten deutschen Großstädten, wurde in Wien dementsprechend später offenbar.

Nach dem Motto: „Auch die Architektur hat ihren Unterhaltungswert“ nahm man um 1980 die „Praterisierung“ Wiens in Angriff. Unübersehbares Wahrzeichen dieses neuen Trends ist ein überdimensionaler, bunter Kachelofen in der Wiener Radetzkystraße. Hinter der Fassadenarchitektur von Ringstraßen-Zitaten und kostbarer Zuckerbäckerei, die locker jeden Verwaltungsprotz einer Versicherung in den Schatten stellt – übrigens auch von den Kosten her –, verbirgt sich ein Bürogehäuse für Beamte.

Auch sonst scheint der meistbeschäftigte Architekt in Wien in den achtziger Jahren ein gewisser Potemkin zu sein. Reine Attrappen-Architektur ergab auch die Restaurierung des Hochholzerhofs in der Tuchlauben. Hinter der verschnörkelten Barockfassade befindet sich unter einer Stahldachkonstruktion die elegante, pseudomoderne Kassenhalle einer Bank. Zwischen den aus edelsten Hölzern gefertigten Schalter-Altären stehen monumentale Großplastiken als bewegter Kontrast zur glatten Schmuckornamentik von Marmor und Metall.

Nach dem Kachelofen als Hochschaubahn in der Radetzkystraße und dem Spiegelkabinett in der Tuchlauben darf eine Grottenbahn nicht fehlen. Sie steht im dritten Bezirk in der Löwengasse, Ecke Kegelgasse. Da sie in ihrer Buntheit noch den Hochschau-Kamin übertrifft, erfreut sich diese neue Wien-Attraktion seit ihrer Aufstellung internationaler Beliebtheit.

Die allgemein Hundertwasser-Haus genannte Grottenbahn ist die ideologisch geglückteste Verschleierung von Fassadenarchitektur, der überraschende Versuch der Stadt Wien, einen Gemeindebau der neuen Art zu etablieren. In farbfrohem Allerlei kontrastieren vergoldete Zwiebeltürmchen, orientalische Balustraden, windschiefe Mauern, begrünte Dachgärtlein und zwölf verschiedene Fenstertypen mit der Patina sparsamer Jugendstil-Ornamentik auf den Nachbarhäusern.

Als sich 1980 bei der Planung eines Öko-Hauses diese verkleckerte Phantasiegestaltung nicht mit den funktionsbedingten bio-technischen Vorstellungen des Baubiologen und Architekten Josef Krawina verbinden ließen, warf letzterer das Handtuch und überließ es dem „Maler-Potemkin" Hundertwasser, mit seiner Grotten-Vision einen herkömmlichen Beton-Baukern zu bekleiden.

Das exotische Experiment der Wiener Stadtplaner zieht tagtäglich ganze Busladungen neugieriger Touristen an. Über ein sich dadurch nebenbei ergebendes

Abwasserproblem tröstete sich der Künstler mit der Bemerkung: „Man brunzt was an, was man liebt." Die Mieter, von so viel Liebe offensichtlich weniger entzückt, drängen bei der Stadt auf den Bau einer öffentlichen Toilettenanlage.

Erfahrungen dieser Art kann die Stadt bei der Planung weiterer Wohnanlagen berücksichtigen, denn nach dem Rathauswillen sollen in den nächsten Jahren auch andere Künstler des Phantastischen Realismus unter die Häuslbauer gehen – wie Arik Brauer in der Gumpendorfer Straße im sechsten Bezirk. Skepsis oder gar Ablehnung für diese Pläne wie 1897 bei der Errichtung des Riesenrades gibt es von offizieller Seite nicht.

Wien ist nämlich allem Neuen aufgeschlossen, sofern es mit einem gewissen Unterhaltungswert verbunden ist. Und wer hätte das seinerzeit von einem vertikalen Ringelspiel erwartet?

WALULISOS AHNEN

Ein ganzes Leben voll Gerechtigkeit, Einfachheit, Bezwingung seiner selbst, Verstandesgemäßheit, Wirksamkeit in seinem Kreise, Bewunderung des Schönen, verbunden mit einem heiteren gelassenen Sterben, halte ich für groß.

Adalbert Stifter

Kaum eine Zeitepoche prägte das Wesen der Österreicher so stark wie jene zwischen 1815 und 1848, die von den einen so fälschlich Biedermeier und von anderen so einseitig Vormärz genannt wird. Der politische und soziale Druck, der sich im Metternichschen Polizeistaat manifestierte, erzeugte nicht nur die Revolution von 1848, sondern schuf sich bereits in den Jahren zuvor ein Ventil in Bestrebungen, die wir heute als alternative oder grüne Bewegungen bezeichnen würden. Allerdings gestatteten die Verhältnisse damals natürlich keine Zusammenschlüsse oder Bürgerinitiativen. Die Grünen und Alternativen des neunzehnten Jahrhunderts waren Einzelkämpfer, oft Aussteiger oder – zumindest damals als solche belächelt – exotische Originale.

Der berühmteste dieser „Biedermeier-Rebellen“ war der mährische Ordenspriester Karl Postl, der 1823 nach Amerika ausriß und unter dem Schriftstellernamen Charles Sealsfield zu internationalem Ruhm kam.

Der erfolgreichste war der Kaiser-Bruder Erzherzog Johann, der dem Wiener Hofleben das steirische Landleben vorzog, der den Steireranzug und den Schilcher-Anbau propagierte, in Graz das Joanneum und in Leoben die Montanistische Hochschule gründete, der die bürgerliche Anna Plochl heiratete und sich als Landwirt und Weinbauer für die „Kartoffelunterstützungsanstalt“ und die Sektproduktion einsetzte.

Der kurioseste von allen war aber gewiß der Hofkammerbeamte Josef Kyselak. Seinen Nachruhm verdankt er angeblich einer Wette, die er im „Ludlamshöhle“ genannten Spaßverein Wiener Künstler, dem u. a. Adolf Bäuerle, Franz Grillparzer und Eduard von Bauernfeld als Mitglieder angehörten, abschloß. Innerhalb von zwei Jahren – so soll er behauptet haben – würde er, ohne eine künstlerische Leistung zu vollbringen, seinen Namen in der ganzen Monarchie bekannt machen.

Es gelang ihm tatsächlich, dieses Versprechen auf höchst originelle Weise einzulösen. Von seinem ungeliebten Beamten-Job beurlaubt, durchwanderte er mit einem Schäferhund große Teile Österreichs, wobei er überall seinen Namen, oft an schwer zugänglichen, aber weithin sichtbaren Stellen – wie Felswände und Kirchtürme – in großer Schrift malte oder eingravierte. 1829 veröffentlichte der biedermeierliche Graffiti-Künstler und Naturfreund in zwei Bänden seine „Skizzen einer Fußreise durch Österreich, Steiermark, Kärnten, Salzburg, Berchtesgaden, Tirol und Bayern nach Wien, nebst einer romantisch-pittoresken Darstellung mehrerer Ritterburgen und ihrer Volkssagen, Gebirgsgegenden und Eisgletscher auf dieser Wanderung, aufgenommen im Jahr 1825“.

Die seltsame Berühmtheit, die Kyselak durch seine zur Manie gewordenen Autogramme erlangt hatte, fand bei seinem obersten Dienstherren eine eher ungünstige Aufnahme. Kaiser Franz bestellte den Beamten Kyselak zur Audienz und tadelte ihn: „Er verschandelt mir ja meine ganze Monarchie!“ Eindringlich redete ihm Majestät ins Gewissen und verbot ihm schließlich „bei Leibesstrafe seinen widerlichen Namenszug“ weiterhin noch irgendwo zu hinterlassen. Nachdem er den Gemaßregelten entlassen hatte, fand der „gute Kaiser Franz" auf einem der Akte auf seinem Schreibtisch quer den Schriftzug „Kyselak".

Der skurrile Wiener Hofkammerbeamte Kyselak starb mit nur 31 Jahren, aber sein Name lebt noch heute als anekdotische Erinnerung fort.

Fast vergessen ist dagegen der Vorarlberger Franz Michael Felder, ein 1839 in Schoppernau im Bregenzerwald geborener Bauernsohn, ein Rebell, der – wie der Pfarrer des kleinen Ortes noch 20 Jahre nach seinem Tod von der Kanzel mahnte – „die Fackel des Aufruhrs gegen die Seelsorger dieser Gemeinde getragen hat".

Der „grüne" Felder, er starb 1869 mit nur 30 Jahren, baute nämlich 1865 in dem von ihm gegründeten Handwerker-Verein eine Volksbibliothek auf, mit der er das gewissen Zensurmaßnahmen unterliegende Bildungsmonopol der Kirche untergrub. Weniger mit „amoralischen Schriften" und „Hurenbüchern", wie der Pfarrer vermutete, als mit Literatur zu wirtschaftlichen, sozialen, politischen und literarischen Themen wollte er die kleinen Leute bilden. Der Autodidakt Felder brachte es in den letzten sechs Jahren seines Lebens noch zu literarischem Ruhm und zur Ehrenmitgliedschaft im Leipziger Germanistenclub. Mit seinen Erzählungen und dem Roman „Reich und arm" gilt er heute als einer der wichtigsten und zugleich am wenigsten bekannten Vertreter der österreichischen Bauern- und Sozialdichtung.

Politisch war Felder ein Vorkämpfer der Sozialdemokratie. Beeindruckt von den Ideen Lassalles, versuchte er nach sozialistischem Muster die Kleinbauern gegen die totale Abhängigkeit einzelner Käse- oder Holzhändler im Bregenzerwald in Genossenschaften zu organisieren. Er gründete die „Vorarlbergsche Partei der Gleichberechtigung" und wurde von seinen Anhängern zum Gemeinderat gewählt. Heiß umstritten, bezichtigte man Felder noch nach seinem Tod der Freimaurerei, „revolutionärer Umtriebe“ und sogar vom Teufel besessen gewesen zu sein, als 1874 Felder-Anhänger den Friedhof von Schoppernau besetzten, um ihm dort ein Denkmal zu errichten.

Die wirtschaftlich und sozial katastrophalen Verhältnisse, in denen die bäuerliche Bevölkerung lebte, waren es, die 1857 auch etwa 300 Männer, Frauen und Kinder aus Tirol ins ferne Südamerika aufbrechen ließen. Nach jahrelangen Irrfahrten gründeten sie tief im Dschungel von Peru ein neues Tiroler Dorf: In Pozuzo, 80 Kilometer und mit dem Jeep sieben Stunden vom nächsten Ort entfernt, leben heute 4 000 Tiroler, von denen die meisten noch immer deutsch sprechen. Die Nachkommen der Aussteiger von einst sind nicht reich geworden, aber frei und unabhängig. Dafür kennen sie Weltkriege, aber auch Fernsehen nur vom Hörensagen.

Die Tiroler Bauern im vorigen Jahrhundert hatte Josef Egg, Pfarrer aus Wald bei Imst, in den peruanischen Dschungel geführt, wo sie ihre Utopie von politischer Unabhängigkeit und sozialer Eigenständigkeit verwirklichen konnten. Siebzig Jahre später endete eine andere Auswandererbewegung, die die Arbeitslosen Wiens nach Abessinien hätte bringen sollen, am Kärntner Grenzübergang Arnoldstein. Ihr Führer war freilich kein Pfarrer, sondern der „Messias von der Lobau“, Peter Waller. Seine Führung war auch eher geistiger Natur, denn während sich am 3. Mai 1928 140 seiner Anhänger auf den Weg ins ferne Addis Abeba machten, hatten ihn die Ärzte zur Untersuchung seiner Zurechnungsfähigkeit in den Narrenturm des Allgemeinen Krankenhauses gesperrt.

Der 1891 in Budapest geborene Waller hatte es im Ersten Weltkrieg bis zum Oberleutnant gebracht. 1918 schloß er sich zunächst der Wiener Roten Garde, 1919 dem Bayerischen Freikorps in Bamberg an. 1920 kehrte er nach Wien zurück und warb bald darauf um Anhänger für die sozial-national-utopische Idee eines Reiches, das er einmal Asgard, dann wieder Hewo oder Hochwardein, aber auch Mora oder Ormajelo nannte. Dafür lag es auch immer irgendwo anders: zuerst in der Lobau, dann im Marchfeld und im Burgenland, schließlich um Rom, Jerusalem und Addis Abeba und zuletzt um Maria Ellend (als geplante Metropole) im Wienerwald.

Als Führer der von ihm gegründeten „Asischen Nation" nannte Waller sich Wodosch und seine Anhänger Warden, nach dem ersten Reich Wardan, das Waller 1924 als „Glüsa" (Glück – Sonne – Arbeit) in der Lobau „gründete". Wer sich in dieser verwirrenden Nomenklatur verhedderte, dem gab Waller seine Lieblings-Parole als Rat: „Kopf hoch, Nase zu, mittendurch!"

Nach anfänglichen Mißerfolgen – Wallers 1924 herausgegebene „Asische Miliz-Zeitung" brachte es nur auf zwei Nummern – hatte er mit einem Naturheilverein Lobau, den er ins Leben rief, mehr Glück. Hier hatten sich Hunderte von Arbeitslosen, die ihre Miete in Wien nicht mehr zahlen konnten, und andere Unterstandslose angesiedelt. Sie lebten in offenen Lagern, zum Teil in primitiven Zelten und abenteuerlichen Blechhütten. Und hier fand der politische Abenteurer tatsächlich Gläubige und ein Gefolge, das zeitweise die Zahl von 10 000 erreicht haben soll. Selbst aus Bayern und Luxemburg reisten Anhänger des Wodosch an die Donau, der ihnen als Wardanieri (Miliz der Warden) oder Sallascheure (Wardanieri-Bauern) Arbeit und Brot versprach.

Die ungewöhnliche Popularität und der erstaunliche Zulauf, den das so kabarettistisch anmutende Unternehmen hatte, macht heute betroffen, wenn man unter den verwirrenden Ideen des „Führers" Waller diese oder jene Ähnlichkeit mit den Ideen eines anderen Österreichers erkennt, der sich auf weit weniger harmlose Art, aber mit doch größerem Erfolg anschickte, in Deutschland Karriere zu machen. Leider wurde in Deutschland der „Wodosch" nicht in den Narrenturm gesteckt, sondern in die Reichskanzlei gewählt.

Nach dem mißglückten Auswanderungsversuch geriet Waller bald in Vergessenheit. Nach dem Zweiten Weltkrieg arbeitete er mehrere Jahre als Bürodiener in einem Wiener Verlag und schrieb nebenbei an „Wallers Neuem Testament“. Er starb im September 1971.

Der Glüsa-Gründer und Messias von der Lobau hatte erste Erfolge, als er seine asische Miliz-Idee zugunsten des nun propagierten Naturheilvereins (wenigstens vorübergehend) fallen ließ. Natur und Gesundheit hatten gut zwanzig Jahre vorher schon einmal die Wiener in Scharen an die Donau gelockt. Damals hieß der Natur- und Gesundheits-Apostel Florian Berndl (1858 bis 1934).

Das „grüne“ Original der Jahrhundertwende lebte in einer Holzhütte am Bisamberg. Seine Devise „Sand – Sonne – Wasser – Luft“ wurde, etwas verändert, namensgebend für seinen späteren Nachfolger Waluliso (Wasser – Luft – Licht – Sonne). Berndl frönte einer natürlichen und gesunden Lebensweise, die er den Wienern höchst eindrucksvoll auf einer von ihm gepachteten Donauinsel vorlebte.

Diese Insel war bei der Donauregulierung aus einem kleinen Eiland entstanden, das sich bis dahin bei Liebespärchen unter dem Namen Gänsehaufen großer Beliebtheit erfreut hatte. Hier gründete der Wunderdoktor seine „Berndl-Kolonie“, heilte Leiden mit Kräutern und heißem Donausand und unterhielt seine Gäste mit lustigen Badespielen, gemeinsamer Gymnastik und einer selbstgebauten Kegelbahn. Als man Berndl 1905 wegen fehlender Gewerbeberechtigung die Pacht entzog, gab es große Proteste aus der Bevölkerung. So entschloß sich die Stadtverwaltung, das „Gänsehäufel“ als größtes Strandbad Europas auszubauen und 1907 offiziell zu eröffnen. Das beliebte Original Florian Berndl wurde zum obersten Badewart ernannt.

Gewiß leben und lebten in Österreich nicht mehr individuelle Phantasten als in den meisten anderen Ländern, gibt und gab es in Wien nicht mehr Originale als in anderen Großstädten auch. Und doch scheint es, als hätte der grüne oder alternative Individualismus hier eine besonders ausgeprägte, oft ins Skurrile, gelegentlich bis ins Fanatische tendierende Tradition. Immer gab es ausreichend politische oder bürokratische Widerstände, die die Persönlichkeit herausforderte, und doch war der Freiraum der Toleranz immer groß genug, sie auch auszuleben – und sei es nur der Freiraum einer schlampigen Bürokratie oder ungenauen sozialen Ordnung. Für den Österreicher ist überdies das Seltene immer bedeutender als das Große, das Schwache immer liebenswerter als das Heroische. Kommt noch ein gewisser Unterhaltungswert hinzu, dann ist die Popularität eines österreichischen „Originals" gesichert.

Heute ist Wien bestimmt nicht arm an individualistischen Persönlichkeiten und Figuren, vom prominenten Politiker bis zum bezirksbekannten Sandler, vom Eigner einer k. u. k. Hof-Konditorei bis zum Autogramme sammelnden Logenschließer. Denn in Wien ist der Bekanntheits- und Beliebtheitsgrad nicht abhängig von einer Leistung, nicht einmal von politischer, wirtschaftlicher oder finanzieller Macht. Was allein zählt, ist das Talent zur Selbstdarstellung, ist das Vermögen, die Wiener zu unterhalten.

Dies demonstriert seit Jahren ein ehemaliger Schildermaler, 1914 als Ludwig Weinberger in Ottakring geboren. Unter dem inzwischen amtlich bestätigten Marken-Namen W a l u l i s o stilisierte sich der Natur- und Friedens-Prophet um den Preis der Lächerlichkeit zum bekanntesten Narren der Nation. An Sommer-Sonntagen splitternackt in der Lobau, ansonsten wallend weiß gewandet in der Innenstadt, aber immer laubbekränzt, bietet er sich mit Erfolg Einheimischen wie Touristen als selbsternannte Sehenswürdigkeit dar.

Längst überstrahlt so viel fleißig genutzte Popularität sein durchaus ernst gemeintes Anliegen. Wo nur immer in Wien etwas los ist und Prominenz zusammenkommt, taucht auch die weiße Toga Walulisos auf, und sein Name steht ungleich öfter in den Gazetten als je der eines noch so berühmten Burgschauspielers – und das will in Wien etwas heißen!

In den letzten Jahren ist der Vegetarier und Antialkoholiker ungleich weiter in der Welt herumgekommen als der österreichische Bundespräsident. Er war auf der Akropolis in Athen, überquerte die Rialtobrücke in Venedig und stand auf der Berliner Mauer. Er ließ sich bei der Abrüstungskonferenz in Genf, beim Gipfel in Reykjavik, auf dem Roten Platz in Moskau und vor dem Weißen Haus in Washington fotografieren. Daß seine internationalen Unternehmungen durch persönliche Empfehlungsschreiben und diplomatische Avisos des Wiener Bürgermeisters oder des Außenministers gefördert werden, machen Waluliso allerdings zu einem fragwürdigen Exportartikel. Denn nach Lipizzaner, Sängerknaben und Trapp-Familie muß es erlaubt sein zu fragen, ob sich zur Selbstdarstellung des gegenwärtigen Österreich im Ausland nicht Geeigneteres finden läßt als die einfältigen Kapricen eines Wiener Stadt-Originals?

So wirkt in Wien das Biedermeier auf eigenartige Weise nach.

DIE FALSCHEN RAUCHFANGKEHRER

Damit Sie sich in Trinkgeldfragen ganz genau auskennen, verrate ich Ihnen die wienerische Formel: Es ist üblich, mehr zu geben als das Übliche . . .

Ludwig Hirschfeld

Die meisten Eigenschaften, über die Menschen verfügen können, haben zwei Ausprägungen, eine positive und eine negative. In Gelddingen etwa liegen die Dinge so, daß jemand entweder sparsam oder geizig sein kann. Andererseits kann jemand aber auch großzügig oder ein Verschwender sein. Wie in vielen anderen Bereichen ist in Österreich auch hier das Mittelmaß am extremsten ausgeprägt. Im Vergleich zu anderen Nationen gibt es hierzulande wenige Geizhälse, und die Verschwender sind selten.

Dafür wird großzügig gespart: 1987 hatten die siebeneinhalb Millionen Österreicher rund 1 000 Milliarden Schilling auf Sparbüchern bei der Bank liegen. Mit soviel Geld auf der hohen Kante kann man getrost ein wenig großzügig sein. Und so verbindet der Österreicher beim Umgang mit dem Geld die positiven Eigenschaften aufs vortrefflichste.

Der verbreitete Hang zur Kommunikation etwa bewirkt, daß Lebensfreude nicht egoistisch betrieben wird, denn richtig Spaß macht das Leben erst, wenn man auch andere daran teilnehmen läßt, sie einlädt und beschenkt, sie mit der eigenen Lust am Dasein so ansteckt, daß auch sie wiederum einen einladen und beschenken. (Möglicherweise ist dies ein Grund für die hohe Umsatzsteuer in Österreich.)

Wenige Sitten sind in Österreich so verbreitet wie das Geben und Nehmen, ja es gibt Leute, die behaupten, diese Sitte hätte in Österreich bereits ein orientalisches Ausmaß an Verbreitung gefunden. Dem muß man allerdings die natürliche Sparsamkeit entgegenhalten. Es sind die kleinen Geschenke, die die Freundschaft erhalten – und die Wirtschaft, die deshalb auch Freunderlwirtschaft genannt wird.

Die hohe Zeit des Schenkens, und das ist in aller Welt so, ist natürlich Weihnachten. Im Dezember 1987 gab jeder „statistische" Österreicher für Geschenke rund 2 000 Schilling aus. Das will natürlich organisiert werden. Zum Beispiel am Christkindl-Markt vor dem Wiener Rathaus. Das Angebot ist keineswegs so einseitig wie man glauben möchte, denn abgesehen von niedlichen Kinderrevolvern oder Indianermessern und dem zu Weihnachten üblichen Glitter und Flitter, von Schnaps und Langos, gibt es da auch so nützliche Sachen wie Patentkorken, Zitronenpressen, Küchenmesser, Strickwesten, wollene Unterhosen und vieles mehr.

Mit der Organisation dieses Bazars ist ein einziger Sekretär der Handelskammer natürlich voll ausgelastet. Die Mühe, die er hat, ist die beteiligten Firmen jedes Jahr gern eine Kleinigkeit wert. Außerdem ist es ja Weihnachten. Das war schon so üblich bei seinem Vorgänger und seinem Vorvorgänger und läuft seit Jahrzehnten wie geschmiert. Daß es seit kurzer Zeit nicht mehr so läuft und nun ein ganz anderer Sekretär für den Christkindlmarkt zuständig ist, lag an der Verhaftung des letzten und des vorletzten Sekretärs. Vermutlich war es üblich geworden, mehr als das Übliche zu geben. Bei Krankenhäusern und Waffenverkäufen kann es sogar zu Skandalen kommen, weil da noch viel mehr üblich ist.

Aber das sind Einzelfälle. In der Regel gibt man in Wien „das Übliche". Wo diese Regel eingehalten wird, macht es den Geber nicht arm und den Nehmer nicht reich und dient dennoch dem gegenseitigen Vertrauen und der Kommunikation.

Zu Weihnachten kommt da einiges zusammen, was „üblich“ ist: Putzfrau und Briefträger, Hauswart und Müllmänner, Rauchfangkehrer und was sonst noch so an der Tür läutet, um ein „Frohes Fest“ zu wünschen. Rechnet man die durchschnittlich 2 000 Schilling für die Weihnachtsgeschenke noch dazu, so versteht man, daß ein österreichischer Arbeitnehmer zu seinen zwölf normalen Gehältern laut Gesetz noch zwei weitere „schwarz“ – das heißt, ohne dafür Steuern zu zahlen – erhalten muß. Das ist die einzig einleuchtende Erklärung, warum in Österreich so viel Schwarzgeld in Umlauf ist.

Von dem Schriftsteller Anton Kuh, der mehr davon lebte, Leuten, die ihm den Kaffee bezahlten, Feuilletons zu erzählen, als Redaktionen, die sie gegen Honorar abdruckten, welche zu schreiben, von Kuh ist die folgende Anekdote überliefert:

1938 kam er eines Tages ins Café Central, um seinen Freunden zu erzählen, daß er beschlossen habe zu emigrieren. „Und wohin willst du emigrieren?“ wurde er gefragt. „Ach“, sagte Kuh lässig, „Schnorrer kann man überall brauchen.“

Ob sie tatsächlich überall so gebraucht werden, soll hier nicht untersucht werden, aber geben tut es sie sicher in allen Ländern und Kaffeehäusern der Welt. Die beste Ausbildung jedoch erhalten sie zweifellos in Wien. Da werden sie regelrecht gebraucht.

Legendären Ruhm in diesem Metier erwarb sich ein ehemaliger Schneider, Poldi Waraschitz, der mit zwanzig Jahren seine Nadel an den Nagel hängte, um die restlichen fünfzig Jahre seines Lebens mit und auf Kosten des internationalen Jet-Sets zu leben. Sein ebenso prominentes wie erfolgreiches Wirken brachte ihm den unbestrittenen Titel des „Schnorrer-Königs“ von Wien ein.

Ihm verdankt die Gilde der Edel-Schnorrer die Regeln eines eigenen Ehrencodex. Seine Berufskollegen unterteilte Waraschitz in die von ihm verachteten Aktivschnorrer („widerwärtige Typen“, die das Geschäft „ohne Seele“ betreiben) und Passivschnorrer, die sich mit viel Feingefühl, Stil und Konsequenz aushalten lassen.

Diese Konsequenz bestand beispielsweise darin, jedem Klatsch-Kolumnisten freimütig zu bekennen, wer ihm gerade den Flug nach Acapulco, das Hotel in Nizza oder den neuen Anzug in Paris bezahlt hatte. Medienweit machte er für die Großherzigkeit seiner Freunde Reklame, die sich selbstverständlich um Gelegenheiten rissen, sich ihm gegenüber weiterhin großherzig zu erweisen. Das auf solche beruflichen Erfolge gegründete Selbstbewußtsein trug nicht wenig zum königlichen Nimbus des Poldi Waraschitz bei.

Weniger Stil, dafür aber eine zum Erfolg führende Konsequenz bewies vor Jahren der Wiener Andreas Stoklasa, der zahlreiche Wiener Gasthäuser mit seinem Besuch beehrte, dort aß und trank und sich, nachdem er noch ein Packerl Zigaretten bestellt hatte, ganz höflich deklarierte: „I bin neger!"

Wer hätte geglaubt, daß es in Wien 31 humorlose Gastwirte gibt, die den bescheidenen Gast wegen Zechprellerei anzeigten, obwohl seine Bestellungen immer preiswert und maßvoll ausfielen. Auch wenn er sich einlud, aß er stets nur „das Übliche". Die Justiz befreite sich schließlich von den lästigen Wiederholungs-Anzeigen, indem sie Stoklasa durch einen Gutachter für unzurechnungsfähig, aber nicht gemeingefährlich erklären ließ. Dadurch war er in der Ausübung seines Berufes sozusagen legalisiert, ihm aber gleichzeitig die Einweisung in eine geschlossene Anstalt erspart worden.

Um eine Generation jünger ist Stoklasas Kollege Anton Schiefer aus Salzburg. Auch er hat sich inzwischen die Legitimation der Unzurechnungsfähigkeit verschaffen können. In der außerhalb der Festspiele provinziellen Mozart-Stadt sprach sich seine Berühmtheit bald herum, ein Umstand, der für die Ausübung der Zechprellerei eher hinderlich ist. So arbeitet er seitdem großräumiger und sogar grenzüberschreitend zwischen Innsbruck, München und Wien.

Zugegeben: Eine besondere Leistung gehört nicht dazu, sich in einem Gasthaus etwas zu bestellen, von dem man weiß, daß man es nicht bezahlen kann. Man muß nur Appetit haben. Möglicherweise besteht angesichts der zu erwartenden Folgen gerade darin die Leistung, in der Situation überhaupt etwas hinunterzubringen.

Doch das ist ja bei anderen Berufen ähnlich. Da wird einem schwindlig, wenn man hoch oben auf dem Dach einen Rauchfangkehrer sieht. Dabei ist es sein tägliches Brot, in dieser Situation auch noch den Rauchfang zu kehren.

Der Grazer Helmut Jauschowetz ist zwar kein Rauchfangkehrer sondern Schnorrer, aber so einfach wie die Zunft der Zechpreller macht er es sich nun wieder nicht. Wie der Feuilleton-Erzähler Anton Kuh verbindet er mit seinem Beruf eine Leistung, wenn auch auf einer weniger geistvollen Ebene als Kuh. Helmut Jauschowetz nutzt jenes Berufs-Image der Rauchfangkehrer, das Gewerbeschein-unabhängig ist: das des Glücksbringers. Differenzierter müßte man also sagen, er ist von Beruf Glückwünscher.

Wie so oft, geht auch in der Familie Jauschowetz der Beruf jeweils vom Vater auf den Sohn über. Vor vierzig Jahren, als Helmut gerade 13 war, nahm ihn sein Vater das erstemal mit „auf Tour" und lernte ihn an. Da gingen sie den ganzen Dezember über bei jedem Wetter, bei Regen, Schnee und Kälte von Haus zu Haus, von Wohnungstür zu Wohnungstür, angetan mit schwarzer Hose, schwarzem Wams und weißer Kappe, nur um den Leuten schöne Feiertage und ein gutes Neues Jahr zu wünschen. Und die Leute freuten sich, daß sie im nächsten Jahr Glück haben sollten, und drückten dem Helmut und seinem Vater fünf Schilling oder manchmal mehr in die Hand.

Das ist natürlich anstrengend, die Rennerei von Haus zu Haus, Stiegen rauf und Stiegen runter, überall warten, bis jemand öffnet, und ständig ein Glückwünscher-Gesicht aufsetzen. Da die Ausübung dieser Tätigkeit nur im Dezember möglich ist, muß man die Zeit nutzen und auch noch auf einen guten Umsatz schauen. Heute verdient der Helmut pro Wohnhaus im Schnitt 100 Schilling. Nicht viel, aber die Masse muß es bringen.

Steuern zahlt der Helmut nicht, da diese kleinen Beträge als Trinkgeld nicht verbucht werden müssen. Das ist ein Vorteil, aber auch ein Nachteil, denn dadurch kann er seine berufsbedingten Ausgaben nicht als Werbekosten absetzen. Immerhin muß er sich alle sieben bis acht Jahre eine neue Rauchfangkehrer-Montur anschaffen, weil die alte verschlissen ist. Außerdem hat er sich Karten drucken lassen, die er an den Türen verteilt:

Helmut – wünscht seit 40 Jahren
ein friedvolles,
gesegnetes Jahr!
Ihr Glücksbringer

Da kein bestimmtes „friedvolles Jahr" drauf steht, kann er, wenn ihm Karten übrigbleiben, sie noch im nächsten Dezember verwenden. Und der Hinweis auf die 40 Jahre zeigt, daß es sich bei ihm um eine traditionsreiche „Firma" handelt.

Ein paarmal wurde er schon von mißtrauischen Leuten wegen Betrugsversuchs angezeigt. Aber die Polizei mußte ihn immer wieder laufen lassen. Denn, daß er tatsächlich Rauchfangkehrer sei, würde er nie behaupten, wenn die Leute ihn danach fragen würden. Aber es fragt nie einer ...

In Graz arbeitet er nur noch alle paar Jahre. Dazwischen fährt er nach Wien, aber auch nach Linz, Salzburg oder Innsbruck. Selbst Abstecher in die Schweiz und nach Deutschland hat er schon gemacht, aber diese Touren wieder gestrichen: „Die Schweizer und die Deutschen sind herzlos. Die werfen dich ohne einen Groschen hinaus. In Wien haben die Leute noch am meisten ein Herz für einen!"

Wien ist und bleibt eben die Stadt, in der das Geben und Nehmen noch Tradition hat.

DAS WEIHNACHTSFEST DES ROTEN HEINZ

Anatol: Gnädige Frau – Sie irren sich! Sie kennen diese Mädchen nicht – die sind anders, als Sie sich vorstellen . . .

Arthur Schnitzler

Die Gegend um den Naschmarkt ist zum Wohnen recht angenehm, nicht gerade der vornehmste Bezirk von Wien, aber lebendig, bunt und nahe dem Zentrum. Man trifft die unterschiedlichsten Menschen aller Schichten und Klassen, die hier leben, die Gassen, Plätze und auch einige dunklere Winkel, die Gasthäuser, Naschmarkt-Beiseln und Kaffeehäuser bevölkern, eine homogene Mischung von Lebens- und anderen Künstlern, von kleinen Angestellten und biederen Geschäftsleuten, von schwulen Kellnern und mütterlichen Huren. Türkische, bulgarische und jugoslawische Obst- und Gemüsehändler sorgen für das orientalische Ambiente, das nahegelegene Theater an der Wien für etwas schillerndes Flair.

Die den Markt rechts und links begrenzende Wienzeile war einst vom aufgeschlossenen, secessionistisch geprägten Bürgertum als Prachtstraße nach Schönbrunn, als Huldigung an den Kaiser und Gegenstück zur Ringstraße geplant. Die sichtbaren Gegensätze von Biedermeier und revolutionärem Jugendstil geben den hier Lebenden den adäquaten Rahmen.

Das Weihnachtsfest, von dem hier die Rede sein soll, fand vor einigen Jahren in einem jener modernen, eher gesichtslosen Nachkriegswohnbauten statt, die natürlich auch hier – wie überall – zwischen den noch alten Häusern zu finden sind. Hinter den so gleich aussehenden Wohnungstüren im vierten Stock lebten damals höchst unterschiedliche Parteien.

Da gab es eine türkische Familie mit reizenden Kindern, die selten lärmten, dafür aber immer freundlich „Grüß Gott!" sagten, wenn sie jemandem im Stiegenhaus begegneten. In der Wohnung gleich gegenüber dem Lift führten zwei junge Herren, Michael und Herbert, ein solides häusliches, aber keineswegs zurückgezogenes Leben. Eine Tür weiter lebte in einer zwischen modern und altdeutsch gemütlich eingerichteten Wohnung Rita P.

Rita war das uneheliche Ergebnis eines kurzen und heftigen Flirts, den ihre Mutter einmal mit einem Kellner aus der Leopoldstadt gehabt hatte. Obwohl Rita ihren Vater gar nicht mehr kennenlernte, sollte er doch noch eine wichtige Rolle in ihrem Leben spielen. Das war damals, als ihre Klassenkameradinnen bereits alle beim BDM waren und ihre Mutter hinging und erklärte, Rita sei nicht „würdig" in den BDM einzutreten. Trotzdem wußte in der Klasse niemand, daß Rita keinen Ariernachweis hatte, sondern nur ihre Mutter. Aber eines Tages bekamen sie eine neue Lehrerin; die ließ eines der Mädchen, das immer besonders ruhig und unauffällig war, vortreten und beschimpfte es als Verräterin und Judensau. Da stand Rita auf und sagte: „Bitte – ich bin auch Halbjüdin!"

Rita kam dann an eine andere Schule und erfuhr nicht mehr, was aus dem jüdischen Mädchen geworden war. Aber sie wußte jetzt, wie falsch und ungerecht Menschen vorurteilen können und wie wichtig es ist, sich im Leben durchzusetzen. Diese Erfahrung kam ihr in ihrem späteren Beruf als Prostituierte sehr zustatten.

Einige Jahre hatte sie einen Freund. Er hieß Heinz und genoß im Milieu einiges Ansehen. Wegen seiner rötlich-blonden Haare nannten ihn manche auch den

„roten Heinz". Später trennten sie sich in aller Freundschaft, und Heinz zog sich sozusagen ins „solide Geschäftsleben" zurück. Hin und wieder, etwa zu Weihnachten, besuchte er Rita und brachte ihr als kleine Aufmerksamkeit einen Brillantring oder etwas Ähnliches als Geschenk mit.

Eines Tages zog in eine der Wohnungen im vierten Stock am Naschmarkt ein junges Ehepaar ein. Dr. Arthur O. war Zahnarzt und kam aus Amsterdam. Der Grund, warum sie von Holland nach Wien übersiedelten, war allerdings Arthurs bildhübsche Frau Marjon, die als bekannte Sopranistin an die Wiener Volksoper engagiert worden war. Hätte das Haus in einer anderen Gegend oder gar in einer anderen Stadt gestanden, würde man Jahre brauchen, um zu wissen, wer nun alles hinter den vielen gleichen Wohnungstüren lebt. Doch so anonym geht es am Naschmarkt nicht zu. Es dauerte nur wenige Wochen, da wußte man wenigstens im vierten Stock, welche Partie Marjon demnächst in der Volksoper singen würde und was Arthur am letzten Wochenende auf der Jagd im Burgenland geschossen hatte. Und auch Marjon und Arthur waren über die Identität und die Umstände ihrer neuen Nachbarn bestens aufgeklärt.

Für den Kontakt im vierten Stock waren vor allem Michael und Herbert zuständig. Sie gossen Blumen oder fütterten Haustiere, wenn jemand im Haus verreiste, oder sammelten die Lottoscheine ein und brachten sie verläßlich in die nächste Trafik. Ab und zu veranstalteten sie einen kleinen Budenzauber, luden Freunde und auch ihre Nachbarn ein und stellten ihre Kochkünste unter Beweis.

Dann kam für Marjon und Arthur das erste Weihnachtsfest in Wien. Zu Krampus tobte Michael schrecklich verkleidet durch alle Wohnungen und tröstete anschließend die türkischen Kinder mit Selbstgebackenem und sich selbst mit einer ganzen Flasche Kognak, die er bei Rita fand. Zum 24. Dezember reisten aus den Niederlanden Arthurs Eltern an, um mit Sohn und Schwiegertochter gemeinsam Weihnachten zu feiern.

Früher hatten sie das Fest mit den Geschwistern und der ganzen Verwandtschaft im großen Haus der Eltern gefeiert, wo unten in der Halle immer eine drei Meter hohe Tanne aufgestellt wurde. Aber Marjon hatte am ersten Feiertag Vorstellung, und so kamen die Eltern eben nach Wien.

Arthur kaufte eine schöne Edeltanne, deren Ausmaße gerade eben noch in die Neubauwohnung paßten. Am Heiligen Abend putzte Marjon sie mit weißen Kerzen, bunten Kugeln und viel Lametta, während Arthur seine Eltern vom Flughafen abholte. So stand der Baum bereits in vollem Glanz, als er gegen vier mit ihnen am Naschmarkt eintraf. Eben hatte man sich zu einem Begrüßungsschluck zusammengesetzt, als es läutete. Arthur öffnete. Draußen stand Rita. Ihre ebenso attraktiven wie üppigen Formen wogten unter einem dezent glitzernden Brokatkleid. Sie drückte ihm eine in Sternchenpapier gewickelte Flasche Champagner in die Hand.

„Ich wollte nur frohe Weihnachten wünschen, Herr Doktor“, sagte sie. „Es ist doch Ihr erstes Weihnachten, ja – ich meine hier in Wien!“

„Das ist wirklich nett von Ihnen, Frau Rita. Ja – ja – danke! Ja, und Ihnen auch schöne Weihnachten!“

Rita, die sonst nie um ein schnelles Wort verlegen war, stand da und lächelte ihn an.

„Ja, schönen Dank“, sagte Arthur noch einmal. „Das ist sehr lieb von Ihnen!“ Und dann wußte er nicht, was er noch sagen sollte.

Irgend etwas schien sie auf dem Herzen zu haben, aber es dauerte, bis sie es endlich herausbrachte: „Den Baum – ich meine, haben Sie den Baum schon geputzt? Sie haben so eine schöne Tanne gekauft.“

„Ja, den hat meine Frau schon heute mittag geschmückt.“

„Ich hab ja keinen Baum, wissen Sie.“ Sie machte eine Pause. „Ich tät das irgendwie unpassend finden – so – bei meinem Beruf.“

Jetzt wußte Arthur erst recht nicht, was er sagen sollte.

„Dabei hab ich das sehr gern. Weihnachten und einen geschmückten Baum und so –“, sie lächelte ihn an. „Ich will Sie ja nicht stören und schon gar nicht aufhalten. Weil – ich weiß, Sie haben ja Besuch. Aber vielleicht – kann ich nur ganz kurz – darf ich ihn mal anschauen?“ Jetzt war es heraus.

„Aber natürlich“, sagte Arthur. „Gern. Kommen Sie nur. Nein, Sie stören nicht. Wir haben ja noch gar nicht angefangen.“

Rita schaute kurz und kritisch an sich herunter, strich eine imaginäre Falte am brokatenen Rock glatt und trat ein.

„Darf ich bekannt machen“, sagte Arthur. „Das ist unsere Nachbarin, Frau Rita. Wir wohnen sozusagen Wand an Wand“, setzte er erklärend hinzu. „Und das sind meine Eltern. – Darf ich Ihnen etwas anbieten? Einen Sherry? Oder einen Kognak? – Bitte setzen Sie sich doch.“

Jetzt war Rita überhaupt nicht mehr verlegen. Sie bewunderte den Baum und wollte sich eigentlich gar nicht setzen, weil sie doch nicht stören möchte. Notfalls einen kleinen Kognak, aber nur einen ganz kleinen! Dann fragte sie Arthurs Eltern, wie ihnen Wien gefalle. Sie seien eben erst angekommen, sagten sie. Aber ein paar Tage würden sie ja bleiben. Da gibt es noch genügend Zeit, etwas anzusehen.

Die Unterhaltung kam gut in Schwung und riß nicht ab. Es wurde richtig gemütlich. Nach drei weiteren Kognaks holte Marjon Weingläser, und Arthur machte die erste Flasche Grünen Veltliner auf. Es war schon nach sechs Uhr, als es plötzlich wieder an der Tür klingelte. Arthur ging hinaus und sah nach. Vor der Tür stand ein Herr in einem eleganten grauen Flanellmantel mit einem kleinen Weihnachtspäckchen in der Hand.

„Entschuldigen Sie, daß ich bei Ihnen läute“, sagte der Herr im Mantel. „Ich wollte nach nebenan. Die Wohnungstür steht offen, aber es ist niemand da. Ich suche nämlich die Frau Rita. Wir sehen uns ja nur noch selten. Doch Weihnachten, wissen Sie, das ist schon Tradition, da schenke ich ihr halt immer eine Kleinigkeit."

„Ach ja – natürlich", sagte Arthur etwas verdutzt. „Die Frau Rita ist bei uns. Kommen Sie doch rein. Wir trinken gerade ein Glas Wein."

„Ich will aber nicht stören", sagte der Herr und hob – wie zur Erklärung, daß er nun leider doch stören müsse – sein Weihnachtspäckchen hoch. Dann trat er ein. Als er den Hut abnahm, sah man, daß er rötlich-blonde Haare hatte.

„Kommen Sie bitte weiter", sagte Arthur.

Drinnen schien niemand überrascht zu sein, daß da noch ein Besuch am Heiligen Abend kam. Am wenigsten Rita.

„Darf ich vorstellen", sagte sie. „Das ist Herr B." Und Arthur, der Herrn B. zwar noch nicht kannte, aber schon etwas von seiner Existenz gehört hatte, fügte hinzu: „Ein bekannter Geschäftsmann aus Wien."

Marjon holte ein weiteres Weinglas, und man saß wohl noch eine Stunde gemütlich beisammen.

Als Arthurs Mutter schließlich anregte, die Kerzen am Baum anzuzünden, stand Herr B. auf und entschuldigte sich. Nun müsse er doch nach Hause. Seine Familie werde sicher schon mit dem Karpfen warten. Auch Rita brach auf. Mit ihrem Weihnachtspäckchen in der Hand verabschiedete sie sich von jedem einzelnen und bedankte sich für den „schönen, gemütlichen Abend". Und hoffentlich hätten sie nicht gestört . . .

„Wirklich reizende Leute waren das", sagte Arthurs Mutter, als sie wieder allein waren. „Und eine attraktive und unterhaltende Nachbarin habt ihr", fügte sein Vater hinzu.

Marjon und Arthur fanden das auch. Und dabei blieb es. Ihren Eltern weitere Erklärungen oder Ergänzungen zu geben, fanden sie völlig überflüssig. Der Name „roter Heinz" hätte ihnen ohnehin nichts gesagt.

DER WIRT DER NAMENLOSEN

Viel genossen, viel gelitten
Und das Glück lag in der Mitten.
Viel empfunden, nichts erworben,
Froh gelebt und leicht gestorben.

Ferdinand Sauter

Zum Sterben und zum Tod hat der Österreicher eine sehr persönliche Beziehung. Hier ist seine Teilnahme in jedem Sinne aktiv, ob er nun gern auf Begräbnisse geht oder ob er sein eigenes Sterben inszeniert. Wohl nicht zufällig halten in alter k. u. k. Verbundenheit Österreich und Ungarn seit Jahren abwechselnd den Spitzenplatz in der europäischen Selbstmord-Statistik.

Das Sterben ist eine populäre Angelegenheit und der Anlaß zu einem Friedhofsbesuch immer willkommen. Jedes Jahr zu Allerheiligen ist der Verkehrszusammenbruch der Linie 71, die zum Wiener Zentralfriedhof hinausführt, vorprogrammiert.

Diese größte österreichische Gräberanlage ist mit rund 200 ha zwar nur halb so groß wie der größte Friedhof in der Bundesrepublik Deutschland, der Ohlsdorfer Friedhof in Hamburg, aber dafür wurden hier in fast dem gleichen Zeitraum doppelt so viele Tote begraben. Schon das zeigt, daß auf einem Wiener Friedhof eben mehr los ist als andernorts.

Zum 100. Geburtstag des 1874 eröffneten Friedhofs sang Wolfgang Ambros eine lustige Hymne:

Es lebe der Zentralfriedhof
und alle seine Tot'n,
der Eintritt is für Lebende
heut ausnahmslos verbot'n.
Weu da Tod a Fest heut gibt
die ganze lange Nacht,
und von die Gäst ka anziger
a Eintrittskarten braucht.

Wanns Nacht wird über Simmering,
kummt Leb'n in die Tot'n,
und drüb'n beim Krematorium
tan's Knochenmark abbrat'n.
Durt hint'n bei der Marmorgruft,
durt stehngan zwa Skelette,
die stess'n mit zwa Urnen an,
und saufen um die Wette.

Am Zentralfriedhof ist Stimmung
wia's sein Lebtag no net war,
weu alle Tot'n feiern heute
seine ersten hundert Jahr . . .

Der Tod ist kein Tabu und das Sterben ein Teil des Lebens. Manch „schöne Leich" endet in Wien als „lustige Hetz'". Eine richtige Treibhatz gibt es auch am Zentralfriedhof, wenn dieser einen Tag im Herbst für die Besucher gesperrt wird, um die Hasen zu schießen, die sich hier ein Jahr lang zwischen Gräbern vergnügten.

Einem bekannten Scherzwort nach ist der Zentralfriedhof nur halb so groß wie Zürich, dafür aber doppelt so lustig. Die wenigsten Wiener werden allerdings wissen, daß dieser „lustige" Friedhof ausgerechnet nach den Plänen eines Zürcher Architekten namens Bluntschli angelegt wurde. (Wie man sich erinnert, spielt ein schweizer „Praline-Soldat" mit dem gleichen seltenen Namen eine Rolle in Shaws „Helden", einem Stück, das im alten k. u. k. Österreich angesiedelt ist.)

Längst liegen auf dem Zentralfriedhof mehr Tote als Lebende in Wien herumlaufen; eine Stadt, die von ihrer Gruft überflügelt wurde. Wer dennoch keinen Verwandten, keinen Freund dort zu besuchen hat, der mag zu den Ehrengräbern pilgern. Hier bewahrt die Stadt ihre großen Toten auf, von Johann Nestroy, Ludwig van Beethoven und Hans Makart bis zu Alexander Girardi, Hans Moser und Karl Farkas. Jene, die zu früh für diesen Friedhof starben, deren Gebeine wurden nachträglich umgebettet. Auch Wolfgang Amadeus Mozart, der zusammen mit anderen in einem Schachtgrab auf dem St. Marxer Friedhof bestattet wurde, fand hier schließlich ein „Ehrengrab". Es ist aber eigentlich mehr ein „Ehrendenkmal" für den Friedhofswärter Alexander Kugler, der in den Kriegswirren 1944/45 das unbekannte und nur vermutete Mozartgrab durch zusammengetragene Grabstein-Fragmente kennzeichnete.

„In Wien muaßt erst sterben, damit sie dich hochleben lassen – aber dann lebst lang", befand zu seinen Lebzeiten Helmut Qualtinger. Inzwischen liegt er selbst in einem Ehrengrab auf dem Zentralfriedhof – waagrecht. Anfang der siebziger Jahre war er noch prominentes Gründungsmitglied des „Vereins der Freunde der Senkrecht-Bestattung" gewesen. Doch da dieser Verein zuletzt jahrelang ohne Vorstand war, wurde er ein dreiviertel Jahr vor Qualtingers Tod durch Erlaß des Innenministeriums aufgelöst. Das ist die Wiener Melange von Schlamperei und Gründlichkeit.

Die letzten Dinge werden nicht in Ehrfurcht totgeschwiegen, sie werden ernst genommen. Auf den letzten Auftritt bereitet man sich vor und spart ein Leben lang für eine „schöne Leich'". Der Wiener Biedermeier-Dichter Ferdinand Sauter schrieb das Motto als Text für seinen Grabstein. Der Schriftsteller und Wiener Stadtrat Jörg Mauthe verfaßte Briefe an Freund und Feind, die nach seinem Tod mit den noch Lebenden abrechneten.

Bevor in Ferdinand Raimunds Zaubermärchen

„Das Mädchen aus der Feenwelt oder Der Bauer als Millionär“ das „hohe Alter“ auftritt, ist es die „Jugend“, die tröstend singt:

Brüderlein fein, Brüderlein fein,
Mußt mir ja nicht böse sein!
Scheint die Sonne noch so schön,
Einmal muß sie untergehn.
Brüderlein fein, Brüderlein fein,
Mußt nicht böse sein.

Der Tod ist nicht böse, er gehört zum Ernst des Lebens, und er stimmt so wehmütig, wie es die Texte zahlreicher Heurigenlieder verraten. Der sonntägliche Heurigen-Ausflug führt nicht selten über den Friedhof.

Selbst zur Identifikation der Lebenden können die Toten gehören: „Kennen Sie den einen Briefträger vom 8. Bezirk?“ fragte mich einmal jemand im Gespräch. „Mit einem Bart und Brillen. Und so rote Backen hat er immer, und am Ottakringer Friedhof hat er ein Grab gegenüber von meiner Familie.“ Gemeint war ein Grab, das er dort gelegentlich besuchte. Man kannte sich vom Friedhof her.

Wieviel schwieriger ist da die Identifikation der Toten, der Verunglückten, der absichtlich Ertrunkenen, der Selbstmörder. Der unbekannte Tote hat nur unbekannte Verwandte, unbekannte Freunde, die ihn zur letzten Ruhe begleiten könnten. Aber auch er, der Namenlose, der ohne den Segen der Kirche Gestorbene, hat in Wien seinen Platz gefunden. Einen Platz, der um zwanzig Jahre älter ist als der Zentralfriedhof.

1854 kommt mit einem Schiff auf der Donau die zukünftige Kaiserin Elisabeth nach Wien. Es ist das Jahr, in dem hier noch einmal die Cholera grassiert. An ihr stirbt u. a. fünfzigjährig der Heurigen-Bohemien des „Verkauft's mei G'wand, i bin im Himmel!“ – Ferdinand Sauter.

Während der Dampfer „Franz Joseph“ mit der

kaiserlichen Braut in Nußdorf im Norden Wiens anlegte, wurden südlich von Wien die ersten unbekannten Leichen, die das Kehr (Wasserwirbel) des Alberner Hafens dort anschwemmte, in der Au begraben. Fast 500 Tote wurden in knapp einem halben Jahrhundert an dieser Stelle aus der Donau geborgen und in der wuchernden Halbwildnis hinter den Lagerhallen des Hafens bestattet. Ohne Segen und Pompes Funèbres.

Vergeblich versucht die Donau in manchem Jahr durch Überschwemmung der Au sich ihre Opfer zurückzuholen. Doch sie reißt nur die schlichten Holzkreuze weg und verwüstet die unscheinbaren Hügel. So sind heute die ersten Gräber auf dem „Friedhof der Namenlosen“ verschollen.

Im Jahr 1900 werden die Donau-Ufer unterhalb Wiens mit einem Schutzdamm gesichert. So ein Damm wird nun auch um den Selbstmörder-Acker, den ein unbekannter Priester heimlich gesegnet hat, gezogen. Um die Beisetzung der Namenlosen bemühen sich neben dem Simmeringer Bezirksvorsteher Albin Hirsch auch der Steinmetzmeister Wendelin Potz, der Baumeister Anton Kurz, der Metallgießer Eduard Moravec und der Spenglermeister Karl Simon.

Ihnen verdanken die unbekannten Donau-Opfer die heutige, von hochaufwachsenden Ulmen umgebene, stimmungsvolle Erinnerungsstätte mit mehr als hundert schmiedeeisernen Kreuzen. 1953 errichtete die Gemeinde eine kleine Kapelle, die in ihrer schlichten Architektur an einen schmucklosen Jugendstil-Bau der Jahrhundertwende erinnert. So wurde der ursprünglich „illegal“ angelegte Gottesacker 25 Jahren, nachdem man ihn nicht mehr belegte, als Friedhof sanktioniert. Denn seit das nationalsozialistische Wien 1938/39 den Alberner Hafen neu regulierte, wurden hier keine zu begrabenden Toten mehr angeschwemmt.

Statt der Verwandten und Freunde derer, die hier liegen, kommen täglich fremde Besucher und lassen sich willig von der ungewöhnlichen, wehmütigen Stimmung des Friedhofs der Namenlosen einfangen und beeindrucken. Fast jeder versucht, die verwaschene Inschrift des einzigen, die metallenen Kreuze überragenden Grabsteines zu entziffern:

Hier ruht Herr Isidor Bethie,
Gastwirt beim Friedhof der Namenlosen
geb. 2. April 1871
gest. 29. März 1927
Unvergeßlich!

Der Gastwirt Bethie, vermutlich der einzige hier, der eines natürlichen Todes starb, wünschte ausdrücklich, inmitten der Namenlosen begraben zu werden. Er muß ein geschäftstüchtiger Unternehmer gewesen sein. Noch sein beschrifteter Grabstein ist zugleich Hinweis auf seinen nahegelegenen, gastronomischen Betrieb. Das Gasthaus „Zum Friedhof der Namenlosen“ existiert noch heute. In der stillen Umgebung und direkt an der Donau gelegen, ist es ein beliebtes Ausflugslokal. Spezialität sind hier gegrillte Donaufische.

EINE RYBINSKER SEHENSWÜRDIGKEIT

In der russischen Kreisstadt Rybinsk, lese ich, werden die Summen, die für die Instandhaltung der Monumente bestimmt sind, zur Instandhaltung der Bedürfnisanstalten verwendet. In anderen Städten wird die umgekehrte Methode geübt. Ein Gleichmaß ist nirgends zu erzielen. Wenn ich aber die Wahl habe, entscheide ich mich unbedenklich für das System von Rybinsk.

Karl Kraus

Der Denkmalschutz ist in Österreich eine wichtige und – wie es sich gehört – altehrwürdige Einrichtung. Bereits am 2. Jänner 1851 setzte Kaiser Franz Joseph eine „Centralcommission für die Erforschung und Erhaltung vaterländischer Baudenkmale" ein und bestellte „Conservatoren" für die einzelnen Kronländer der Monarchie. Dem Wirken dieser „Centralcommission", die später den zeitgemäßen Namen Bundesdenkmalamt erhielt, ist nicht zuletzt der museale Ruf Österreichs in der Welt zu danken. Ohne Zweifel ist die Entscheidung des Kaisers ein Beweis für die Fortschrittlichkeit konservativen Denkens hierzulande. „In der Vergangenheit sind wir den anderen Völkern weit voraus", stellte Karl Kraus schon 1908 fest.

Unabhängig von der Frage, ob die Gründung des Denkmalschutzes ein später Ausfluß biedermeierlichen Bewahrungsdenkens oder Reaktion auf umwälzende Tendenzen der 48er-Revolution war – daß Wien heute noch so wesentlich von den historischen und historisierenden Monumenten seiner Vergangenheit geprägt ist, verdankt es nicht nur dem Erhalten und Bewahren, sondern auch dem restaurativen Wirken des Denkmalschutzes.

Dennoch gab es Jahre, in denen die Aufgaben der Konservatoren eher im Widerspruch zum Zeitgeist standen. Das war beispielsweise in den fünfziger Jahren dieses Jahrhunderts der Fall. Zu dem Bemühen um Neuerrichtung der Republik, um Unabhängigkeit und Eigenstaatlichkeit kamen die Erfordernisse des Wiederaufbaus. Ein übertriebener Fortschrittsglaube griff um sich, und er drohte die Uhren Österreichs, die doch immer anders gegangen waren, nun auf mitteleuropäische Normal-Zeit einzustellen.

Da sind auch Konservatoren nur Menschen, die nicht ganz unbeeinflußt von den Geistern der Zeit bleiben können. In der Ära der Nierentische und Tütenlampen waren in ganz Europa der kitschverschnörkelte Historismus und das ornamental gestylte Jugendstildesign verpönt. Beides war dank Makart, Wagner, Loos und Gefolge gerade in Wien in reichem Maße vorhanden. Glücklicherweise gehört zu den positiven Eigenschaften des Wieners, daß er allen radikalen Lösungen abhold ist. Während man andernorts die unzeitgemäßen Denkmäler der Vergangenheit abriß, ließ man sie in Wien weitgehend nur verfallen, bis bei diesem oder jenem Objekt der Zahn der Zeit den tatsächlichen Abbruch notwendig machte. So blieb zuletzt doch vieles erhalten, dessen sich später ein gewandelter Zeitgeist denkmalschützerisch annehmen konnte.

Zu den trotzdem unwiderbringlich verlorenen Monumenten gehören auch zahlreiche Pavillons der Makart-Zeit, die als öffentliche Bedürfnisanstalten errichtet worden waren. Allein zwischen 1954 und 1960 wurde die Zahl der Wiener Notdurfthütten von 234 auf 174 reduziert. Zuständig für die Entfernung dieser 60 Bedürfnis-Pavillons war die Magistratsabteilung 48, die auch für die Entfernung des Schnees im Winter sowie falsch geparkter Autos verantwortlich zeichnet.

„Wir mußten die Pavillon-Anstalten abreißen", argumentierte man dort damals, „weil sie den sanitären Erfordernissen nicht mehr entsprachen und weil die Geruchsbelästigung überhandnahm. Auch wäre eine Instandhaltung nicht tragbar."

Heute findet man nur noch hier und da ein spätes Produkt dieser Baukultur, in Parks versteckt, entfernt an die Stadtbahnstationen Otto Wagners gemahnend und deshalb auch mit grüner Farbe vor dem endgültigen Verfall geschützt.

Aber nicht nur die fünfziger Jahre markieren einen Tiefpunkt in der Tradition einer sonst hochstehenden Wiener Häusl-Kultur. Zu einem Skandal kam es am 17. August 1870 bei der Eröffnung der Roßauer-Kaserne. Dieses imposante, auf 40 000 Quadratmeter Grund errichtete Gebäude im schicken Windsorstil war nämlich nicht von berufsmäßigen Architekten, sondern von zwei Militärs entworfen und geplant worden, einem Oberst Pihal und einem Major Markl. Als die Kaserne nach fast vierjähriger Bauzeit ihrer Bestimmung übergeben wurde, entdeckte man, daß die beiden Offiziere die Einrichtung von WC-Anlagen total vergessen hatten.

Zu einer ähnlichen Affäre kam es noch einmal im April 1986 beim Bau der neuen Ankunftshalle im Flughafen Wien-Schwechat. Ankommende Reisende konnten ihren Bedürfnissen nur im Stockwerk der Abflughalle oder im nächsten Parkhaus nachkommen. Die Ankunftshalle wurde zwar planmäßig in Betrieb genommen, die Eröffnung des Restaurants durfte jedoch auf Einspruch der zuständigen Bezirksbehörde erst vorgenommen werden, nachdem man nachträglich eine WC-Anlage installiert hatte.

Doch solche kleinen Pannen schmälern die Verdienste der Stadt Wien um das öffentliche Bedürfnis seiner Bürger und Gäste nicht. Längst hat die Zahl der Gelegenheiten durch die Errichtung moderner

WC-Stätten, etwa in den U-Bahnhöfen, das Vorkriegsniveau wieder erreicht und überschritten. Wo es nur geht, kommen die Behörden allen berechtigten, aus der Bevölkerung an sie herangetragenen Bedürfnis-Wünschen nach, obwohl die Kosten einer neuen Anlage in der Regel heute bei einer Million Schilling liegen.

Schon im beschaulichen Biedermeier sorgte man in Wien für ausreichende Möglichkeiten. Eine der letzten öffentlichen Anstalten aus dieser Zeit ist die 1984 mit Hilfe des Bundesdenkmalamtes stilgerecht renovierte und sanitär modernisierte Toilettenanlage auf dem St. Marxer Friedhof.

Als Ergänzung zu den bereits errichteten öffentlichen Bedürfnisanstalten wurde 1820 eine Regierungsverordnung erlassen, in der es u. a. hieß: „*Um übrigens auch nach geschehener Herstellung der in Frage stehenden Notdurftplätze die Abstellung des mehrgedachten Übelstandes für die Zukunft füglicher handhaben zu können, wird es dem hiesigen Stadtmagistrate zur Pflicht und derselbe auch dafür verantwortlich gemacht, daß, sooft derselbe, und zwar gleich von jetzt an, die Eröffnung neuer Schenk- oder Trink- oder Kaffeezimmer in neuen oder alten Häusern gestattet, die Bewilligung hiezu immer an die vorher erfüllte Bedingung, im Innern des Hauses einen angemessenen Notdurftplatz herstellt, und solchen Gästen zugänglich zu erhalten, als ein wesentliches Erfordernis unerläßlich gebunden werde.*"

Als (vorerst) letzte Ergänzung zu dieser im Prinzip noch heute gültigen Verordnung sei hier noch der „Klo-Paragraph" in den seit Juli 1982 gültigen „Mindestvorschriften für die Einrichtung, Ausstattung und Betriebsführung von Gastgewerbebetrieben" erwähnt. Danach ist die Benutzung solcher gastronomischer Toilettenanlagen „grundsätzlich" kostenlos. Deshalb sind die heute noch oft anzutreffenden Schilling-Automaten an Klotüren zwar ordnungswidrig, können aber auch einfach nur als „überholt" gelten. Man muß bedenken, daß einen Wirt die Demontage ja Kosten und zugleich einen Einnahmenausfall verursachen würde. Eine allfällige Ordnungsstrafe, wenn sie überhaupt verhängt wird, ließe sich dagegen notfalls aus den illegalen Einnahmen aus den Klotür-Automaten begleichen.

Da aber der „Klo-Paragraph" wie jedes österreichische Gesetz auch Ausnahmen zuläßt, darf der Wirt für die Benutzung seines WCs dann einen Obulus verlangen, wenn sein Lokal sich nahe einer Haltestelle eines öffentlichen Verkehrsmittels befindet, die selbst nicht über eine Toilettenanlage verfügt. Wenn also da jeder kommen könnte, dann darf auch abkassiert werden . . .

Glücklicherweise hat in der Wiener Häusl-Szene die Automation noch nicht überall die menschliche Dienstleistung verdrängt, so daß die Gilde der Klofrauen nicht gänzlich ausgestorben ist. Man kann diese Damen noch häufig in den Theatern, in besseren Gastronomiebetrieben und sogar in öffentlichen Anlagen antreffen.

Allerdings ist Klofrau nicht gleich Klofrau. Die Damen in den öffentlichen Etablissements haben fixe Tarife, die sie bei den Benützern – nicht selten unnachgiebig – eintreiben. In Restaurants, Hotels, Theatern oder ähnlichen Häusern ist dagegen, gemäß dem bereits erwähnten Paragraphen, die Benutzung „grundsätzlich" unentgeltlich. In diesen sozusagen privat gekachelten Räumen dient der Teller neben dem Ausgang nur zur Aufnahme des Trinkgeldes, das man nicht geben muß – falls man fähig ist, dem streng kontrollierenden Blick der Toilettenfee standzuhalten.

Die prominenteste Dame dieser Zunft heißt Paula Krug. Obwohl sie eigentlich zu den tarifgebundenen öffentlichen Klofrauen zu zählen wäre, verdankt sie dem unterirdischen Etablissement, über das sie wacht, eine Art Sonderstatus. Wurden doch dessen gekachelte Räumlichkeiten am Graben von dem Jugendstil-Architekten Adolf Loos ausgestaltet.

Zu Beginn dieses Jahrhunderts hatten die Stadtplaner damit begonnen, aus ästhetischen Gründen in der Innenstadt das Bedürfnis, wo irgend möglich, in den Untergrund zu verlegen. So konnte es geschehen, daß Wien achtzig Jahre später sogar unterirdisch über historische Baudenkmäler verfügt. Trotzdem geriet 1977 der kostbarste dieser historischen Kachelkeller, eben jener am Graben, in Gefahr, abgerissen zu werden, als die Gegend zur Fußgängerzone ausgestaltet werden sollte. Ausgerechnet die konservative Rathaus-Opposition wetterte gegen den Plan der Sozialisten, die WC-Anlage bei der Pestsäule zu restaurieren und wieder in Betrieb zu nehmen und kritisierte die Graben-Gestaltung als einen „Hinterhof mit Abgang zum WC". Schließlich einigte man sich auf den Kompromiß, die Anlage weder zu restaurieren noch abzureißen, dafür aber den Abgang Otto-Wagner-grün anzustreichen.

Zehn Jahre später wurde das kostbare Loos-Klo stillschweigend um 12 Millionen Schilling wieder hergerichtet und der Obsorge der polyglotten Madame Krug – „Neben deutsch spreche ich perfekt englisch, französisch und arabisch!" – übergeben. Damit ist Wien wieder um eine Fremdenverkehrsattraktion reicher.

Endlich hat sich die Forderung von Karl Kraus erfüllt, zwischen der Instandhaltung von Sehenswürdigkeiten und der Instandhaltung der Bedürfnisanstalten ein Gleichmaß zu erreichen.

HEILIGER KOHN, BITT' FÜR UNS!

*Falsch sind die Leute überall,
aber in Wien sind sie halt so
angenehm falsch.*

Richard Strauss

Zu Beginn des Jahres 1988 – allenthalben rüstete man zu Gedenkveranstaltungen an den „Anschluß" vor 50 Jahren – erschien in einer österreichischen Zeitung ein mit vollem Namen gezeichneter Leserbrief zum Thema „Waldheim und die Juden". Darin ist der vorletzte Satz bemerkenswert: „Ich bin ein Judenhasser, aber ich werde es nie nach außen hin zeigen."

Die Aussage erscheint beim ersten Lesen schizophren, weil der Schreiber sich ja wenige Zeilen darunter mit vollem Namen deklariert. Doch vielleicht meint er es genau so, wie es da steht: Ich bin zwar Antisemit, aber ich zeige es nicht, ich handle nicht antisemitisch. Diese Form des verhaltenen, des gebremsten oder (wie es oft, aber doch wohl nicht korrekt heißt) des latenten Antisemitismus war in Wien immer verbreitet. Mit ihm hatten sich die Wiener Juden in der zweiten Hälfte des vorigen Jahrhunderts arrangiert. Mit ihm konnten sie leben.

Mehr noch! In den letzten fünfzig Jahren der Monarchie konnte sich in Budapest und Wien jüdisches Leben in einem Maße entfalten wie in kaum einer anderen europäischen Großstadt, und in keiner Stadt der Welt lebten mehr Juden als in Budapest – gefolgt von Wien. (Erst nach 1933 wuchs New York zur größten „jüdischen Stadt" der Welt, heute noch vor Tel Aviv, der größten Stadt Israels.) In Wien gab es vor der Revolution von 1848 neben 197 „Tolerierten“ noch etwa 4 000 weitere Juden. 1857 zählte die jüdische Gemeinde bereits 6 217 und 1880 waren es mit 72 588 bereits 10,6 Prozent der Bevölkerung. In der 2-Millionen-Stadt Wien waren es schließlich mehr als 200 000. Nahezu ein Drittel davon lebte in der Leopoldstadt, bis 1938 dem am dichtesten besiedelten Wiener Gemeindebezirk.

1916 starb Kaiser Franz Joseph. Seine so konservative Regierung hatte den Juden die Verwirklichung ihres liberalen Traumes gebracht, die Gleichstellung. Mit dem österreichisch-ungarischen Ausgleich war 1867 die volle Glaubens- und Gewissensfreiheit Verfassungsgesetz geworden. Bei öffentlichen Anlässen hatte der Kaiser als „König von Jerusalem“ nach dem Kreuz auch die ihm entgegengetragene Thorarolle geküßt.

Doch das liberale Wien war zugleich auch das antisemitische Wien. Je größer die jüdische Gemeinde wurde, umso deutlicher artikulierte sich auch der Antisemitismus eines Karl Freiherr von Vogelsang (1818 bis 1890) oder Georg Ritter von Schönerer (1842 bis 1921). Der christlich-soziale Politiker Karl Lueger wurde schließlich der erste, der den Antisemitismus als politisches Mittel benutzte. Seine Popularität beruhte nicht zuletzt auf seinen antisemitischen Ausfällen. Trotzdem gab es, als er gegen den Willen des Kaisers Bügermeister von Wien wurde, für die Wiener Juden keinerlei einschränkende Veränderungen. Auch er war ein deklarierter „Judenhasser“, ohne es „nach außen hin“ zu zeigen.

Eine ganz wesentliche Komponente des Antisemitismus der Jahrhundertwende war die Fremdenfeindlichkeit der Wiener. Neben dem Glanz der Hauptstadt hatte die Industrialisierung Menschen aus allen Teilen der Monarchie nach Wien gelockt, die den Wienern Arbeit und Wohnraum streitig machten.

Die Folge der dadurch ständig wachsenden Aggressionen gegen alles Fremde war, daß sich die Zugereisten möglichst rasch zu assimilieren suchten. Und in dem Bemühen, sich als Wiener zu fühlen, entwickelten sie bald die gleiche Fremdenfeindlichkeit, die ihnen selbst einst entgegengeschlagen war.

„Man haßt nicht etwas, womit man keinerlei Ähnlichkeit hat. Nur macht uns oft erst der andere Mensch darauf aufmerksam, was für unschöne und gemeine Züge wir in uns haben. So erklärt es sich, daß die allerschärfsten Antisemiten unter den Juden zu finden sind."

Der dies 1903 schrieb, war selbst Jude: Otto Weininger. Sein stark antisemitisches (und antifeministisches) Buch „Geschlecht und Charakter" wurde nach Erscheinen heftig diskutiert und zum erfolgreichen Bestseller – nicht zuletzt, weil sich sein 23jähriger Autor noch im gleichen Jahr höchst spektakulär im Sterbezimmer Ludwig van Beethovens erschoß.

In seiner zwischen 1915 und 1918 geschriebenen Autobiographie „Jugend in Wien" schreibt Arthur Schnitzler über die Jahre vor 1880: „Damals, es war in der Spätblütezeit des Liberalismus, existierte der Antisemitismus zwar, wie seit jeher, als Gefühlsregung in zahlreichen, dazu disponierten Seelen als höchst entwicklungsfähige Idee; aber weder als politischer noch als sozialer Faktor spielte er eine bedeutende Rolle. Nicht einmal das Wort war geprägt, und man begnügte sich damit, Leute, die den Juden besonders übel gesinnt waren, fast abschätzig als ‚Judenfresser' zu bezeichnen." Vom harmlosen „Judenfresser" zum harmlosen „Judenhasser" war es ein harmloser Weg.

An anderer Stelle berichtet Schnitzler von einem Klassenkameraden, der später als Advokat und Mitglied der deutschnationalen Partei seinen jüdischen Namen Lubowienski in Kilcher ändern ließ. Als er seinen Parteifreunden einmal ein altes Klassenfoto zeigte, kommentierte Lubowienski-Kilcher es mit den Worten: „Schaut euch das einmal an! Mit so viel Juden zusammen hab' ich in die Schul' gehen müssen!" Die harmlose Anekdote zeigt, daß es vielleicht doch schon einen politischen Faktor gab.

In jener „guten alten Zeit“ passierte auch die folgende Geschichte: Der kauzig-geniale Schriftsteller Fritz von Herzmanovsky-Orlando, der nebenbei mit einer Jüdin verheiratet war, verbrachte damals seine Sommer in Ebensee im Salzkammergut, wo er am Rindbach ein eigenes Sommerhäuschen bewohnte. Ein wenig weiter stand in ländlicher Abgeschiedenheit eine Villa, die der Berliner Bankiersfamilie Mendelssohn als Sommerfrische diente. Kohn Mendelssohn, ein besonders frommes Mitglied der Familie, liebte es dann, während seiner Spaziergänge am Rindbach dieses oder jenes erbauende Buch zu lesen. Vertieft in seine fromme Lektüre nahm er täglich den gleichen Weg etwa bis zur Höhe des Hauses Herzmanovsky-Orlando, wendete und spazierte wieder zurück.

Der Autor des „Gaulschreck im Rosennetz“ hätte seine Uhr nach dem Spaziergänger stellen können. Er wußte, wann er vorbeikam, er wußte, wo er umdrehte und zurückging – und tagtäglich fühlte er sich irritiert durch das Defilee des frommen Juden.

Eines Tages ging Herzmanovsky-Orlando zu einem einheimischen Herrgottschnitzer und gab ihm einen Auftrag. Und als Kohn Mendelssohn eines Tages wieder auf seinem täglichen Spaziergang am Rindbach bis zum Haus Herzmanovsky-Orlando gekommen war und dort wendete, stand just an dieser Stelle ein Marterl. Darauf war ein bunt-schwarzer Kaftan-Jude in unzüchtiger Haltung zu sehen und darunter stand: Heiliger Kohn, bitt' für uns!

Ein Scherz, nicht mal ein übler, sondern nur ein harmlos antisemitischer Scherz.

Mit dieser ebenso verbreiteten wie populären Art des Antisemitismus lebten die Juden damals in Österreich und in Wien. Sie hatten sich damit abfinden müssen, denn in anderen Ländern war es oft nicht viel anders. Ihre Geschichte ist zugleich auch eine Geschichte des Antisemitismus.

In Wien lebten sie damit, auch als der soziale und politische Faktor immer deutlicher wurde. Sie wurden toleriert und sie tolerierten. Die Witze, die Scherze, die Anekdoten, die verbale „Judenfresserei", der Schmäh und die Schmähungen, die politischen Drohungen eines Dr. Lueger, die verwirrte Ideologie eines entlaufenen Zisterziensers, der sich selbst adelte und promovierte und Dr. Georg Lanz von Liebenfels nannte – das alles sollte einen jungen fanatischen Kunststudenten aus Braunau so beeindrucken und beeinflussen, daß daraus später die größte und systematischste Judenverfolgung und Judenvernichtung in der Geschichte wurde.

Als Adolf Hitler in den Trümmern und der Asche des Zweiten Weltkrieges verbrannt war, als damit der Schrecken des Holocaust gebannt war, gab es keinen Antisemitismus mehr. Gab es ihn wirklich nicht mehr? In Deutschland? In Österreich?

Einige wenige Juden haben die Nazizeit im Lande selbst überlebt. Auch in Wien. Hier gab es 1945 etwa 2 000 Juden. 1938 waren es hundertmal mehr gewesen. Fast ein Drittel von ihnen hatte sich sieben Jahre versteckt halten können, war sieben Jahre auf Zehenspitzen geschlichen und mußte erst lernen, wieder mit dem ganzen Fuß aufzutreten. Aus Freundschaft, aus Mitleid und auch gegen Geld hatten viele Österreicher ihr eigenes Leben riskiert, um Juden zu verstecken.

Die Helfer gab es auf beiden Seiten.

Vierzig Jahre lang schien es so, als sei mit den Juden auch der Antisemitismus verschwunden. Aber es schien nur so. Die Judenhasser zeigten es wie eh und je nicht „nach außen hin", sie deklarierten sich nicht einmal. Erst jetzt, nach mehr als vierzig Jahren, unterschreiben sie wieder die Leserbriefe.

Fast 20 000 Juden soll es wieder in Wien geben, aber nur 6 700 von ihnen sind als Mitglieder der israelitischen Kultusgemeinde statistisch erfaßt. Wieviel Antisemiten es in Österreich gibt, läßt sich schwer feststellen. „Statistisch" erfaßt, beispielsweise durch repräsentative Umfragen, sind es mindestens 10 Prozent (nach anderen Untersuchungen sogar

18 Prozent). Das würde heißen, daß sich wenigstens 750 000 Österreicher selbst als Antisemiten deklarieren. Im Vergleich zum jüdischen Bevölkerungsanteil bedeutet das ein krasses Mißverhältnis.

Wenn es ihn heute wieder gibt, diesen „harmlosen“ Antisemitismus, der sich nicht „nach außen hin“ zeigt, der verbal bleibt, dann ist es jetzt ganz anders als vor hundert Jahren. Denn dazwischen gab es den Holocaust. Wer Jude ist, der ist heute sensibler, aufmerksamer, hellhöriger. Den Ewiggestrigen geht diese Sensibilität (noch?) ab. Sie sind es, die heute noch „Saujud“ sagen, wie sie „Tschuschen“ oder „Spaghettifresser“ oder „Kameltreiber“ sagen, als hätte die Geschichte nicht vor fünfzig Jahren gelehrt, daß es da sehr wohl einen Unterschied gibt.

1988 hat Simon Wiesenthal einen Vorschlag, den er bereits vor 20 Jahren vergeblich gemacht hat, wiederholt, nämlich in Wien ein internationales Institut zur Erforschung des Antisemitismus zu gründen. Dieses Institut wird dringend gebraucht.

1989
DAS JUBILÄUM DER FALSCHEN HOFFNUNGEN

Es erscheint als eine allzu leicht hingenommene Behauptung, daß der frühere Nationalitätenstaat in seinen Grundfesten morsch und als solcher unmöglich gewesen wäre. Unmöglich war er bloß als Schwerthelfer des Germanentums, und vor allem als solchem wurde ihm auch ein Untergang von seltener Grausamkeit bereitet.

Anton Wildgans

Am 30. Jänner 1889 erschießt sich auf seinem Jagdschloß Mayerling in Niederösterreich Kronprinz Rudolf. Seine Geliebte, die 18jährige Baronesse Mary Vetsera, geht mit ihm in den Tod. Rudolf war 30 Jahre alt, sein Vater, Kaiser Franz Joseph I., mit 58 Jahren ein gesunder, tatkräftiger Mann. Vier Monate zuvor hatte der deutsche Kaiser Wilhelm II., der in Rudolfs Alter war, seinen Antrittsbesuch in Wien gemacht. Es muß den sensiblen Kronprinzen in tiefster Seele deprimiert haben, daß der ihm so unsympathische Vetter aus Berlin bereits Regent war, während er durch seinen Vater von allen Regierungsgeschäften ferngehalten wurde, ein Zustand, an dem sich vermutlich noch auf viele Jahre hin nichts ändern würde.

Franz Joseph war selbst nicht als Kronprinz auf seine Regentschaft vorbereitet worden, als er mit nur 18 Jahren Kaiser von Österreich wurde. Aber das war nur einer der Gründe, warum er seinen Sohn nicht Erfahrungen in der praktischen Politik sammeln ließ. Wichtiger und ausschlaggebend waren die politischen Differenzen, die es zwischen Vater und Sohn gab und die in manchen Bereichen kaum zu überbrücken gewesen wären.

Selbstverständlich ließ der Kaiser dem Kronzprinzen die beste, nur denkbare Erziehung angedeihen. Fünfzig berühmte Lehrer bemühten sich um seine Bildung, viele von ihnen verdiente Professoren der Wiener Universität. Doch die meisten hatte die Kaiserin ausgewählt, deren romantisch liberaler Freiheitswillen mit dem konservativen Geist und dem strengen spanischen Zeremoniell am Wiener Hof so wenig zurechtkam, daß sie immer öfter auf Reisen ging, als ihren Pflichten als Kaiserin nachzukommen.

„Den Slawen gehört die Zukunft", schrieb ahnungsvoll der heranwachsende Rudolf 1875 in einem Aufsatz, „doch Österreich kann sich erhalten, wenn es seine Aufgabe richtig auffaßt und sich an die Spitze der Südslawen stellt und zum mächtigen Donaureich wird." Im Juli dieses Jahres kam es in Bosnien und der Herzegowina zu Aufständen gegen die Herrschaft der Türken. Drei Jahre später wurden beide Balkanländer mit Billigung des Osmanischen Reiches von Österreich besetzt. Doch die Balkanpolitik Wiens sollte ganz anders verlaufen, als sich das der junge Thronfolger vorstellte.

Von seinen Lehrern übte besonders der Nationalökonom Karl Menger einen starken Einfluß auf ihn aus. Er vermittelte Rudolf seine liberale Grundhaltung und antiklerikalen Auffassungen. Er machte ihn auch mit Moriz Szeps, dem Herausgeber des „Neuen Wiener Tagblattes", bekannt, der zum engsten Vertrauten Rudolfs werden sollte. Vieles, was im Tagblatt erschien, hatte Rudolf initiiert oder stammte sogar aus seiner Feder.

Nicht nur seine fortschrittlich soziale und liberal demokratische Haltung brachte Rudolf in Gegensatz zu seinem Vater, auch seine politischen Ziele waren der offiziellen österreichischen Innen- und Außenpolitik oft völlig entgegengesetzt. Sein Traum, die Nationalitäten der Donau-Monarchie föderalistisch als „Vereinigte Staaten von Europa“ und als Gegengewicht zum Deutschen Reich zusamenzuschließen, blieb eine unerfüllbare Illusion.

Im Gegenteil. Die Wiener Bündnis-Politik brachte Österreich-Ungarn in immer stärkere Abhängigkeit von den politischen Wünschen Bismarcks und vernachlässigte die Beziehungen zu Frankreich und England. Hätte sich Rudolfs Wunsch einer Annäherung an die französische Politik und eine stärkere Abgrenzung gegenüber Deutschland verwirklichen lassen, wäre es vermutlich nie zum Ersten Weltkrieg gekommen. Als Rudolf seine politische Ohnmacht erkannte, kapitulierte er. Mit seinem Tod starb auch die Hoffnung vieler, das in die verhängnisvolle deutsch-österreichische Schicksalsgemeinschaft treibende Staatsschiff doch noch auf neuen Kurs zu bringen. So zeichnete sich die Katastrophe des Ersten Weltkrieges bereits 1889 ab.

In gewisser Weise begann aber in diesem Jahr auch schon die Katastrophe des Zweiten Weltkrieges. Denn am 20. April 1889 wurde in Braunau am Inn jener Mann geboren, der sie fünfzig Jahre später auslösen sollte: Adolf Hitler.

1907 kam der 18jährige Hitler nach Wien. In diesem Jahr war – vier Jahre nach dem Vater – seine Mutter gestorben. Hitler hatte die Realschule in Linz und später in Steyr besucht, aber ohne Abschluß verlassen. Nun bemühte er sich als Kunststudent an der Wiener Akademie der bildenden Künste zugelassen zu werden. Möglicherweise wäre Österreich und der Welt vieles erspart geblieben, hätte man ihn damals dort nicht wegen mangelnden Talents abgewiesen. So hatte der verhinderte und beschäftigungslose Student Muße genug, in der Donau-Metropole die politische Zerrissenheit der Monarchie und das soziale Elend der heftig gewachsenen Großstadt zu studieren. Der beim Volk ebenso beliebte wie politisch umstrittene Bürgermeister Lueger beschimpfte die Juden und opponierte gegen die Ungarn. Er weihte eine Schule nach der anderen ein, errichtete zahlreiche öffentliche Sozial- und Kulturstätten, aber keine so dringend benötigten Wohnungen. Er fuhr im Zweispänner über die Ringstraße und zum Blumenkorso in den Prater, aber nicht zu den Ziegeleiarbeitern auf den Laaer Berg, die von ihrem Arbeitgeber, dem Ringstraßenbaron Drasche, statt Lohn Wertmarken aus Blech erhielten, für die sie nur bei den Kantinenwirten der Ziegelwerke einkaufen konnten.

Von solchen Eindrücken geprägt, verließ Hitler nach sechs Jahren das Wien, in dem ihm jede Karriere, selbst die eines akademischen Malers oder Architekten verwehrt wurde, und ging 1913 nach Deutschland. Seine dortige Karriere begann vorerst bescheiden als einfacher Soldat, der immerhin 1918 zum dekorierten Gefreiten werden konnte. 1923 brachte er es schließlich bis zum politischen Häftling auf der Festung Landsberg. Hier begann er dann seine endgültige Karriere mit der Niederschrift seines politischen „Testaments", das in der verhängnisvollen Folge zum ungelesensten Bestseller der Nation werden sollte. In „Mein Kampf" wurden Hitlers Wiener Jahre zum selbsterfahrenen Nährboden seiner nationalsozialistischen Ideologie. Daß er diese Ideologie bis in alle Konsequenzen hinein in die praktische Wirklichkeit umsetzen konnte, verdankte er seinem rücksichtslosen, zielbewußten Willen, der in Deutschland als Tüchtigkeit mißverstanden wurde. Ohne diesen Umweg über Deutschland, wo er eine mächtige Demonstration seines rigorosen Machtwillens entfaltete, wäre sein Schicksal ein „österreichisches" geblieben: Er wäre gescheitert.

1938 kehrte er in sein Heimatland zurück, nicht als gescheiterter Österreicher, sondern als „Führer" der deutschen Nation. Wie schon einmal, beim Tod Rudolfs, waren wieder die Nationalen die Sieger. Und wie das letztemal sollte es auch diesmal mit einem verlorenen Weltkrieg enden.

1989 ist das Jahr, in dem man dieser falschen deutsch-nationalen Hoffnungen und Siege gedenken wird. Wohl nicht so aufwendig wie 1988 der Auslöschung der österreichischen Eigenstaatlichkeit vor 50 Jahren, aber doch wohl in irgendeiner Weise gedenken. Vielleicht in dem Sinne, ob und was man aus den Erfahrungen mit diesen falschen Hoffnungen gelernt hat?

An der Wende von 1988/89 kann man in Österreich auch noch einer anderen Hoffnung gedenken. Damals vor hundert Jahren trafen sich im niederösterreichischen Hainfeld die Sozialdemokraten zu ihrem ersten Parteitag. 1874 war die Sozialdemokratische Arbeiterpartei Österreichs aus dem Zusammenschluß der bestehenden Arbeiter- und Arbeiterbildungsvereine entstanden, hatte sich dann aber total zerstritten, war in radikale Anarchisten und ohnmächtige Demokraten zerfallen. Ein Armenarzt, der sich als erster um die unterdrückten Ziegeleiarbeiter des Baron Drasche gekümmert hatte, Dr. Viktor Adler, wurde in Hainfeld zum historischen Einiger von Radikalen und Gemäßigten. Unter seiner Führung wuchsen die österreichischen Sozialdemokraten zur politischen Kraft. Auf sie hofften seitdem viele, die den deutsch-nationalen Weg ablehnten.

Doch es nützte den Sozialdemokraten wenig, daß sie 1933, nachdem Hitler in Deutschland an die Macht gekommen war, die Forderung nach dem „Anschluß" in ihrem Parteiprogramm strichen. Ein Jahr später waren sie in Österreich als Partei verboten. Und während die ebenfalls verbotenen Nationalsozialisten ihr Parteibüro ganz offen in der Wiener Teinfaltstraße unterhalten konnten, saßen die Führer der Sozialdemokraten machtlos in der Tschechoslowakei.

Lange Jahre – so wie einst Kronprinz Rudolf – blieb ihnen die praktische Teilnahme an der politischen Macht vorenthalten. 1918 konnten sie zwar die Erste Republik mitgründen, aber kaum zwei Jahre später waren sie bereits in der Opposition. Lediglich in der Bundeshauptstadt Wien setzten sie eindrucksvoll ihr soziales Programm in die Praxis um. Doch politisch war das „Rote Wien“ nicht mehr als eine Demonstration. Wirklich dabei waren die österreichischen Sozialdemokraten erst 1945. Am Aufbau eines neuen, beständigen Österreichs waren sie endlich beteiligt. Wie weit die Sozialdemokraten in der Zweiten Republik die in sie gesetzten Hoffnungen erfüllten und enttäuschten, wird die Geschichte zeigen. Sie haben begonnen, als Rudolf resignierte. Seine Träume waren zwar nicht Parteiprogramm der SAPÖ oder SPÖ, aber vielleicht hätte der so soziale und liberale Thronfolger sich nach dem Ende der Monarchie sogar der Partei angeschlossen.

Das tat seine Tochter Elisabeth, die, energischer als ihr Vater, sich schon in jungen Jahren gegen die geistige Enge des Hofes auflehnte. Vor allem wohl um diesem Einfluß zu entgehen, heiratete sie mit 19 Jahren 1902 den Grafen Windisch-Graetz, mit dem sie trotz der vier gemeinsamen Kinder keine besonders glückliche Ehe führte. 1924 ließ sie sich scheiden, lernte den Sozialdemokraten Leopold Petznek kennen und wurde Mitglied der SAPÖ. Unter dem bürgerlichen Namen Elisabeth Petznek starb Rudolfs Tochter 1963 mit fast 80 Jahren. Die eigenwillige „rote Erzherzogin“ wurde auf dem Hütteldorfer Friedhof begraben – anonym, denn das einfache helle Steinkreuz auf ihrem Grab trägt weder Namen noch eine Inschrift.

WAS IST EINE ÖSTERREICHISCHE LÖSUNG?

Vergesset niemals, besser ein mittelmäßiger Frieden als ein glücklicher Krieg.

Maria Theresia an Joseph II.

Für die in allen Bereichen des Lebens auftretenden Möglichkeiten von Konfliktsituationen haben die Österreicher im Laufe ihrer Geschichte eine spezifische Variante der Konfliktbereinigung entwickelt: die österreichische Lösung. Sie hat nichts mit einer diktatorischen Entscheidung und auch nichts mit einem Kompromiß gemein, dafür sehr viel mit dem zu tun, was man die österreichische Psychologie nennen könnte. (Diese wiederum inspirierte den Dr. Freud, die übrige Welt mit der Psychoanalyse zu beglücken, die im Landesinneren bis heute dank der österreichischen Charakterfestigkeit nur eine geringe Verbreitung fand.)

Die österreichische Lösung ist – vereinfachend gesagt – immer eine „kleine“ Lösung. Das „klein“ beeinträchtigt dabei in keiner Weise ihre bereinigende Wirkung, ja es kann sogar – in der Folge, wohlgemerkt! – zu weitreichenden und oft langandauernden Konsequenzen führen. Diese Konsequenzen wird man positiv beurteilen – oder negativ, je nachdem. In der Regel ist es so, daß durch eine österreichische Lösung das Problem zwar nicht beseitigt wird, aber es erübrigt sich. Indem nämlich das Problem auf eine andere existentielle Ebene gehoben wird, verschwindet der aktuelle Konflikt, zu dem es sich zugespitzt hat.

Es ist eigentlich eine unzulässige Vereinfachung, von der österreichischen Lösung zu sprechen, denn ihre Anwendungsmöglichkeit ist ebenso vielfältig wie die Art, sie zu gestalten. Für die Erfindung einer österreichischen Lösung benötigt man ein auf Traditionen begründetes Beharrungsvermögen („Des war scho immer so") und die Phantasie eines unkonventionellen Geistes. Diese Mischung ist selbst in Österreich nicht zu häufig, gelegentlich in den Nachfolgestaaten der Monarchie noch anzutreffen und zeigt, daß das Modell auf andere Länder kaum übertragbar ist.

Auch auf der passiven Seite kommt eine österreichische Lösung dem österreichischen Charakter entgegen, der zwar seinem Revoluzzertum gern in Worten Luft macht, sich aber in der Praxis als anpassungswillig und wenig revolutionär erwiesen hat. Man muß halt darauf achten, daß mögliche Veränderungen nicht zu heftig erscheinen und daß wohlerworbene Rechte und für jedermann das Gesicht gewahrt, die Form und die geheiligten Traditionen erhalten bleiben, kurz: daß nichts grundsätzlich verändert wird und auch Neuerungen alles beim alten lassen.

Man sieht schon, welche Kunstfertigkeit dazu gehört, für etwas eine österreichische Lösung zu finden. Daß diese Kunstfertigkeit, nachdem sie über Jahrhunderte vor allem im politischen Bereich erfolgreich angewendet wurde, heute immer mehr verkommt, ist eine bedauerliche und für das Land schädliche Tatsache.

Man denke nur an die Habsburger, die unter Vermeidung von Eroberungskriegen die Landnahme eines riesigen Reiches durch gezielte Heiratspolitik und mit Hilfe des Erbrechts regelten. Im übrigen führten sie immer nur Verteidigungskriege, anfangs mit gutem, später mit geringerem und zuletzt mit gar keinem Erfolg.

Auch die Austromarxisten diskutierten die radikalen Tendenzen ihrer Ideologie erst einmal in der bürgerlichen Atmosphäre des Kaffeehauses, bevor sie in der Ersten Republik lediglich die sozialen Komponenten ausprobierten, und auch das nur innerhalb des fortschrittlichen Wien. Im Laufe der Zweiten Republik sahen sie schließlich, daß es „auch so geht“, und begruben den revolutionär-ideologischen Rest.

Neben den „kleinen“ Lösungen sind auch die „stillen“ von österreichischer Art. Sie finden vorzüglich dort ihre Anwendung, wo man politisch oder in der Verwaltung über das Ziel hinausgeschossen hat. Als kurzsichtig erwiesen sich beispielsweise die Entscheidungen der Nationalversammlung vom 3. April 1919. Damals wurde neben der Todesstrafe auch der Adel abgeschafft, das Haus Habsburg-Lothringen enteignet und des Landes verwiesen. In der Praxis hielt bis auf das finanziell wichtigste, nämlich die Enteignung, keines dieser Gesetze. Die Todesstrafe wurde, wenn auch „nur“ für 17 Jahre, 1933 wieder eingeführt. Nach einem zehn Jahre lang heftig geführten und nie offiziell beigelegten Parteienstreit reist seit 1966 die Familie Habsburg mit österreichischen Pässen als österreichische Staatsbürger ungehindert durch das Land. Der Adel blieb zwar seit 1919 offiziell abgeschafft, was sich für seine Mitglieder durch das Weglassen des Adelsprädikates in allen Verwaltungs- und Justizangelegenheiten dokumentiert, doch wird er nach wie vor von allen Gesellschafts- und Bevölkerungsschichten respektiert. Nicht zuletzt aus Nostalgie erfanden die Wiener bald nach 1919 einen respektlosen Ausgleich zum Anti-Adelsgesetz, die Witzfigur des Grafen Bobby, heute weit über Österreich hinaus noch immer lebendig.

So wie die „Habsburg-Frage“ seit 1966 nicht mehr diskutiert, aber bis heute auch nicht von der Regierung entschieden worden ist, so existieren heute auch eine Reihe von Gesetzen, vor allem im Verwaltungsbereich, die, ohne je aufgehoben oder ersetzt worden zu sein, nicht mehr zur Anwendung kommen. Auch das ist eine österreichische Lösung.

Natürlich kann eine durchaus befriedigende österreichische Lösung auch in die Hose gehen, aber das zeigt sich glücklicherweise erst nach Jahren. Meist sind dann die damals Verantwortlichen längst durch andere Verantwortliche ersetzt worden, die nun die Chance haben, statt sich endlich dem eigentlichen Problem zu widmen, eine neue österreichische Lösung auszuknobeln.

Als es im Jahr 1973 zu einer Erhöhung der Beamtengehälter kam, wurden von dieser pauschalen Gehaltserhöhung die Richter ausgenommen, was diese aufs heftigste erbitterte. Um nicht mit dem entsprechenden Gesichtsverlust seinen Beschluß ändern zu müssen, gestand der damalige Finanzminister den Richtern eine Werbekostenpauschale von generell 3 000 Schilling zu, einen Betrag, den diese Berufsgruppe mit der für sie notwendigen und absetzbaren Beschaffung von ein paar Gesetzeskommentaren und einem weißen Hemd sowie schwarzer Krawatte als Berufskleidung normalerweise kaum erreichen kann. Die sogenannte Pauschale wurde stillschweigend als Gehaltsaufbesserung gewertet, und zwar nicht nur von den Richtern, sondern von allen Beteiligten, auch bei allen späteren Gehaltsverhandlungen. Erst vierzehn Jahre später entlarvte sich die damals so einvernehmliche Lösung als Etikettenschwindel, als nämlich ein ganz anderer und auf Sparsamkeit und Gleichheit bedachter Finanzminister generell alle Werbekostenpauschalen strich – auch die der Richter.

Ein phantasiereicher Praktiker österreichischer Lösungen war der langjährige Wiener Polizeipräsident Josef Holaubek, der einige Jahre zuvor der österreichischen Regierung vorführte, wie man hierzulande eine Demonstration auflösen kann. Um gegen die in ihren Augen ungerechte steuerliche Belastung des Weinbaus zu protestieren, setzten sich in Niederösterreich und im Burgenland rund 700 Weinbauern auf ihren Traktor und ratterten damit nach Wien, verstopften die Ringstraße und warteten vor dem Bundeskanzleramt am Ballhausplatz, daß etwas geschieht. Doch abgesehen davon, daß der Verkehr in der Innenstadt zum Erliegen kam, geschah erst einmal nichts, weshalb die Niederösterreicher und Burgenländer auf ihren Traktoren weiter warteten und ab und zu einen kräftigen Schluck aus den mitgebrachten Doppelliterflaschen nahmen.

Während die Weinhauer draußen geduldig warteten und ihr Jausenbrot hinunterspülten, wurde im Bundeskanzleramt beratschlagt, was zu tun sei. Keinesfalls wollte man „auf der Straße" verhandeln und womöglich übereilte Zugeständnisse machen. Schließlich hatte Holaubek eine Idee, und rechtzeitig vor dem Einsetzen des nachmittäglichen Berufsverkehrs verkündete er den Weinhauern über Megaphon, daß in etwa 20 Minuten die Polizei Alkoholkontrollen durchführen werde. Eine Viertelstunde später konnte der Verkehr wieder ungehindert durch die Innenstadt und über den Ring fließen. *Sein* Problem hatte der Wiener Polizeipräsident gelöst – für die Weinsteuer war er schließlich nicht zuständig.

Diese Geschichte – sie ist nur eine von vielen, die naturgemäß nicht alle angeführt werden können – ist insofern exemplarisch, als hier ein beamteter Staatsdiener den Politikern zeigt, wie's gemacht wird. Erfreuen sich doch österreichische Lösungen im Bereich der Beamten einer ungebrochenen Tradition. Zugegebenermaßen sind sie innerhalb eines Verwaltungsapparates meist einfacher zu finden – sofern der Beamte diesen beherrscht. Die einfachste und gängigste Methode ist, durch Anwendung und Auslegung irgendeiner Verordnung oder eines entlegenen Gesetzes eine neue Aktenlage zu schaffen, die natürlich eine neuerliche Bearbeitung auf dem Amtswege erheischt.

Wen wundert es da noch, daß heute jeder 25. Einwohner der Republik Österreich ein Staatsbeamter ist (Bundesländer- und Gemeinde-Bedienstete nicht eingerechnet), während es in der Monarchie vor 80 Jahren nur jeder 250. Untertan soweit brachte (Postler und Eisenbahner bereits mitgezählt). Offenbar muß sich da ein ganz schöner Berg von „gelösten“ Problemen aufgestaut haben, deren Aktenlage noch zu bewältigen sein wird.

Es kann durchaus sein, daß es bei so einem riesigen und komplizierten Beamtenapparat Möglichkeiten der Vereinfachung und der Arbeitseinsparung gäbe. Aber warum einfach, wenn es bisher kompliziert auch ging? Und weil es nichts nützt, pragmatisierte Beamte freizustellen, die man nicht kündigen kann, kann in diesem Fall nur eine der ältesten – zugegebenermaßen nicht gerade originellsten – österreichischen Lösungen zur Anwendung kommen: Man wartet, bis die Beamten wegsterben oder pensioniert werden.

Dabei darf nicht übersehen werden, daß der Staat immer wieder neue Beamte einstellen muß, um seinerseits einen Beitrag zur Behebung der Arbeitslosigkeit zu leisten. Eines Tages könnte daraus ein Problem entstehen, das dann einer dringenden – österreichischen? – Lösung bedarf.

Derzeit zerbricht man sich höheren Orts den Kopf, ob jene acht Staatsbeamte und ihre 16 beamteten Helfer der Finanzlandesdirektion Wien, die im ehemaligen Winterpalais des Prinzen Eugen werken, noch durch jüngere Staatsbeamte ersetzt werden müssen, wenn sie einmal in Pension gehen. Ihnen oblag die verantwortungsvolle Aufgabe, die vermögensrechtlichen Folgen aus dem Staatsvertrag 1955 zu verwalten. Inzwischen sind fast alle Vermögenswerte von irgend jemandem übernommen worden. So überwintern sie seit geraumer Zeit in ihrem Winterpalais, indem sie die Aktendokumente der Übertragungsvorgänge verwalten. Auch eine österreichische Lösung.

BIBLIOGRAPHISCHE HINWEISE

Das aufmerksame Studium vor allem österreichischer Zeitungen und Zeitschriften und zahlreiche persönliche Gespräche lenkten in den vergangenen Jahren mein Interesse auf die Vielfalt österreichischer Besonderheiten in allen Bereichen. Dabei drängten sich oft Parallelen und Herleitungen aus der Geschichte und der jüngeren Zeitgeschichte auf. Manches so hingenommen Selbstverständliche wurde dadurch erst eigentlich verständlich und erklärbar.

Zum Nachspüren von Zusammenhängen, beim Recherchieren von Daten und Fakten diente mir die einschlägige – und im weitesten Sinne – historische Literatur. Ohne den Anspruch auf Vollständigkeit erheben zu können, sei hier besonders auf die folgenden Werke hingewiesen:

Andics, Hellmut: Österreichische Geschichte von der Gründung des Kaiserstaates bis zur Gegenwart. Wien – München 1974 und 1976.

Eibl, Joseph Heinz (Hrsg.): Wolfgang Amadeus Mozart – Chronik eines Lebens. Kassel 1965 und München 1977.

Drimmel, Heinrich: Kaiser Franz – Ein Wiener übersteht Napoleon. Wien – München 1981.

Fischer, Ernst: Das Jahr der Befreiung – Aus Reden und Aufsätzen. Wien 1946.

Fuchs, Albert: Geistige Strömungen in Österreich. Wien 1949.

Groner, Richard: Wien wie es war. Wien – Leipzig 1922.

Gstrein, Heinz: Jüdisches Wien. Wien 1984.

Guglia, Eugen: Wien – Ein Führer durch Stadt und Umgebung. Wien 1908.

Hakel, Hermann (Hrsg.): Wien von A–Z. Wien 1953.

Hamann, Brigitte: Elisabeth – Kaiserin wider Willen. Wien 1982.

Hamann, Brigitte: Rudolf – Kronprinz und Rebell. Wien 1978.

Haslinger, Josef: Politik der Gefühle – Ein Essay über Österreich. Darmstadt – Neuwied 1987.

Hawlik, Johannes: Der Bürgerkaiser – Karl Lueger und seine Zeit. Wien – München 1985.

Hawlik-van de Water, Magdalena: Die Kapuzinergruft – Begräbnisstätte der Habsburger in Wien. Wien 1987.

Heindl, Gottfried: Und die Größe ist gefährlich. Wien 1969.

Herre, Franz: Kaiser Franz Joseph von Österreich. Köln 1978.
Kaufmann, Fritz: Sozialdemokratie in Österreich – Idee und Geschichte einer Partei – Von 1889 bis zur Gegenwart. Wien 1978.
Kleindel, Walter: Österreich – Daten zur Geschichte und Kultur. Wien – Heidelberg 1978.
Kleindel, Walter: Das große Buch der Österreicher. Wien 1987.
Knappich, Wilhelm: Die Habsburger-Chronik. Salzburg 1986.
Kraus, Karl: Unsterblicher Witz. München 1961.
Kraus, Karl: Weltgericht. München – Wien o. J.
Kudrnofsky, Wolfgang: Der Messias von der Lobau – Peter Waller und die Arbeitslosen der Zwischenkriegszeit. Wien 1983.
Mannoni, Octave: Sigmund Freud mit Selbstzeugnissen und Bilddokumenten. Dt.: Hamburg 1971.
Markus, Georg: G'schichten aus Österreich – Zwischen gestern und heute. Wien – München 1987.
Molden, Fritz: Die Österreicher oder Die Macht der Geschichte. München – Wien 1986.
Nenning, Günther: Erzherzog Johann – Mythos und Wirklichkeit. Wien 1982.
Ringel, Erwin: Die österreichische Seele – Zehn Reden über Medizin, Politik, Kunst und Religion. Graz – Wien 1984.
Sauter, Ferdinand: Sein Leben und Dichten (Aufgrund einer Dissertation von Dr. Hans Dreißiger). Wien 1926.
Schmidl, Erwin A.: März 1938 – Der deutsche Einmarsch in Österreich. Wien 1987.
Schnitzler, Arthur: Jugend in Wien – Eine Autobiographie. Wien – München – Zürich 1968.
Starhemberg, Ernst Rüdiger: Memoiren. Wien – München 1971.
Tartaruga, Ubald: Der Wiener Pitaval – Eine Sammlung der interessantesten Kriminalprozesse aus Alt- und Neu-Wien. Wien – Leipzig 1924/25.
Weys, Rudolf: Cabaret und Kabarett in Wien. Wien – München 1970.
Mit uns zieht die neue Zeit – Arbeiterkultur in Österreich 1918–1934 (Katalog). Wien 1981.
Wien wirklich – Ein Stadtführer durch den Alltag und seine Geschichte. Wien 1983.